Steinwede
ENGEL DER BIBEL

Dietrich Steinwede

ENGEL DER BIBEL

Bilder und Betrachtungen

Patmos

Bibliografische Information der Deutschen Nationalbibliothek

Die Deutsche Nationalbibliothek verzeichnet diese Publikation
in der Deutschen Nationalbibliografie;
detaillierte bibliografische Daten sind im Internet
über http://dnb.d-nb.de abrufbar.

© 2007 Patmos Verlag GmbH & Co. KG, Düsseldorf
Alle Rechte vorbehalten
Printed in Germany
ISBN 978-3-491-71314-7
www.patmos.de

Inhalt

Zu diesem Buch

Engel sind unentbehrlich. Sie treten ins Bild als Gegenwart des unsichtbaren Gottes, den sie repräsentieren. Die Engel der Bibel kommen von Gott her, aus der Gottessphäre. Sie sind Boten Gottes (Bote hebräisch ›mal'ak‹, griechisch ›angelos‹, lateinisch ›angelus‹). Sie sind Mittler. Sie sind ›Gedanken Gottes‹ (Meister Eckart), zugleich flüchtig, nicht festzuhalten und doch überall Begegnende. Ihr Sein ist dem menschlichen Sein nicht zu vergleichen. Sie verkörpern das Immaterielle. Wenn es logisch zugänge, dürften sie überhaupt kein Aussehen haben. »Sie sind die reinste Perspektive. Vom Verstand her geht ihre Gestalt gegen Null, von der Phantasie her gegen Unendlich« (Ursula März).

Als Kinder der Phantasie sind die Engel auch Kinder der Poesie, einer visionär-traumhaften Poesie. In den ›Fleurs du mal‹ von Baudelaire sind solche Engel zu finden oder auch in der 2. Duineser Elegie von Rilke.

In Besitz nehmen lassen sich die Engel nicht. Keiner lässt sich herbeizitieren. Aber unversehens wird ihre Nähe verspürt. Sie stehen nicht für sich selbst. Sie geben einem Größeren Raum, treten zurück, wenn ihre Aufgaben erfüllt sind.

Engel sind Jenseitswesen und Diesseitswesen zugleich – vor aller Zeit, nach aller Zeit. In ein Schema, in ein System sind sie nicht zu pressen, auch wenn man das versucht hat. Einem objektiven Denken sind sie ebenso wenig zugänglich wie Gott. Sie wahrzunehmen bedarf es eines besonderen Sensoriums. ›Sehen‹ kann man sie nur mit den Augen des Glaubens.

Engel sind zeitlos. Sie haben keine Geschichte. Ihre Sphäre ist die reine Gegenwart. Sie kommen wie der Wind, der die Stirn am Mittag kühlt. »Schnell wie der Gedanke des Menschen dahinfliegt, durchdringt ihre Sehnsucht sie, den Willen Gottes zu erfüllen« (Hildegard von Bingen). Und schon gehen sie wieder, entschwinden, sind nicht mehr da.

Engel sind über den Religionen. Sie gehören den ältesten Menschheitsüberlieferungen an. Sie sind mehr als ein Symbol.

Engel sind die Fliegenden. Die Flügel sind ihr Signum, denn sie sind die in größter Leichtigkeit Schwebenden, frei von aller Erdenschwere. Kinder malen ihre Engel stets mit Flügeln. Und die Künstler tun es ihnen gleich.

Die Berührungspunkte mit Engeln sind das Wort und die Tat. Glaubende Menschen haben das – auch in der Bibel – immer wieder bezeugt. Der Engel spricht und handelt. Er tut dem Menschen kund, was für ihn wichtig ist. Er hilft, er tröstet, er mahnt. Seine Gestalt ist dabei unwichtig. Das Strahlen der Gottesherrlichkeit kann um ihn sein. Er kann ein weißes Kleid tragen. Sein Geschlecht ist nicht spezifisch, oft indes männlich. Mehr aber wird in der Bibel nicht ausgesagt.

Wichtig ist die Funktion der biblischen Engel. Sie spiegeln Gott. Sie sprechen mit seiner Stimme. Sie sind Wächter und Beschützende, im Auftrag Gottes auch Strafende. Ihr Dienst ist, Werkzeug Gottes zu sein. Die Menschen der Bibel rechnen mit ihnen, so wie sie mit Gott rechnen. Gott und seine Engel sind eins.

Und der Mensch selbst, kann er ein Engel sein? Ja, gewiss! Drei Menschen kommen als Engel zu Abraham. Der Mensch Jesus war ein Engel Gottes. Unendlich die Zahl derer, die an ihren Mitmenschen wie Engel Gottes handeln. »Jeder aber kann für jeden jederzeit ein Engel sein«, sagt James Krüss. In Daniel 10,16 heißt es von dem Engel: »Er sah aus wie ein Mensch.«

In diesem Buch finden sich auch Engel, die in der Bibel gar nicht vorkommen, die die Maler aber in ihren Visionen mit den biblischen Texten verbunden haben.

Im Traum können Engel erscheinen. Die Bibel erzählt von Traumboten, Traumkündern, die in der dem Bewusstsein entzogenen Welt des Traumes erfahren werden. »Der Mensch überhört Gott und seine Engel, wenn er auf seine Träume nicht mehr hört«, weiß Eugen Drewermann. »Ich habe manchmal im Traum diese Stimme gehört, und, was noch seltsamer ist, in etwa verstanden den Ruf oder das Gebot in überirdischer Sprache« (Cesław Miłosz).

Das Alte und das Neue Testament sind von der übernatürlichen Wirklichkeit der Engel fest überzeugt, von ihrer hoheitsvollen Würde, von ihrer gottgezeugten Erscheinung in Raum und Zeit.

Detaillierte Ausführungen über die Engel gibt die Bibel nicht. Nirgendwo findet sich auch nur die geringste Andeutung einer Engellehre. Das Geheimnis der göttlichen Boten bleibt gewahrt. Aber es gibt Engelerscheinungen, Engelbegegnungen, Engelrede, Engelverkündigung. Engel ›widerfahren‹ den Menschen als Erschreckende, als Beglückende, als solche, die einen Weg weisen. Immer ist der Mensch in ein Engels-Geschehen einbezogen. Immer ist er betroffen.

»Wir haben diese Wesen der Zwischenwelten nötig«, sagt Otto Betz, »spirituelle Urerfahrungen, diese großen und ehrwürdigen Deutebilder, die den Urformen des Daseins Ausdruck geben, die uns die Schöpfung begreifen lehren. Die Engel künden uns an, dass wir nicht in einer zugesperrten Welt leben. Sie machen uns auf die Einfallstore aufmerksam.«

ALTES TESTAMENT

Engel der Schöpfung

Der unsichtbare Gott und die Chöre der Engel

Bingen am Rhein 1165: In der Schreibstube des Klosters der Benediktinerinnen auf dem Rupertsberg entstehen unter Anleitung der Äbtissin Hildegard (1098-1179) 35 Miniaturen zu ihrem Buch ›Scivias‹ (Sci vias = wisse die Wege), die das Mysterium verborgener wunderbarer Gesichte der Äbtissin anschaubar werden lassen, darunter als Bildtafel 9 unsere Miniatur.

Auf den ersten Blick sehen wir eine ziselierte Struktur, ein Kreisgebilde über einem Rechteck. Es ist ein Mandala, eine in konzentrischer Anordnung ausgeführte bildhafte Darstellung des Kosmos. In neun farbenreichen Kreisen sind von außen nach innen jeweils zahllose Engel verschiedener Kategorien und unterschiedlichen Aussehens in ›Chören‹ angeordnet. Hildegard nennt sie Engel, Erzengel, Kräfte, Mächte, Fürstentümer, Herrschaften, Throne, Cherubim und Seraphim und beschreibt ihre Funktion jeweils ausführlich. Diese Engel, so Hildegard, schauen die Mysterien göttlicher Geheimnisse. Gott hat sie zum Heile der Menschen und zur Ehre seines Namens berufen. Die einen hat er bestimmt, den Menschen in ihren Nöten zu helfen, die anderen, ihnen die Gesichte seiner geheimen Ratschlüsse zu offenbaren.

Gleichsam angezogen wird unser Blick aber durch das Zentrum des Mandalas, das weiße Kreisfeld, die bildlose Leere. Sie ist das ›Auge‹, Mitte des Kosmos, die göttliche Wirklichkeit, aus der heraus alles existiert, ein Ort, von dem her alles seinen Sinn gewinnt. Mit anderen Worten: Die Mitte steht für den unsichtbaren Gott. Du sollst dir kein Bildnis machen, heißt es. Gott selbst tritt nur in seinen Engeln in Erscheinung. Ihre Vielzahl verweist dabei auf die Unendlichkeit Gottes. Und es ist, so Hildegard, als ob diese Engel unter wundersamen Melodien um die geheimnisvolle Lichtquelle tanzen.

Alles eine innere gottgegebene Schau der Seherin von Bingen, ein Traumbild, eine offenbarende Vision, etwas, das nur der ›innere‹ Blick des Menschen erahnen kann, ein Innenbild ins Außen projiziert, das die Engel des unsichtbaren Gottes in ihrer Funktion innerhalb der Schöpfung erkennbar werden lässt. Sie sind die Dienenden des Herrn.

Die neun Engelchöre der Hildegard von Bingen. Rupertsberger Codex um 1170.
Faksimile der Abtei St. Hildegard in Eibingen.

Engel während der Schöpfung

Häufig in der biblischen Überlieferung ist der Mensch direkt oder indirekt in ein engelhaftes Geschehen einbezogen, immer wieder ist er betroffen. So auch in unserem Bild zur älteren biblischen Schöpfungsgeschichte Genesis 2,4b-3,24, der Erzählung des so genannten Jahwisten (abgeleitet vom Gottesnamen JAHWE), der in der Zeit König Salomos um 950 v. Chr. lebte.

In vier Streifen wird das Schöpfungsgeschehen von der Erschaffung des Menschen bis zur Austreibung aus dem Paradies in Szene gesetzt. Zweimal erblicken wir Engel. Zum einen im oberen Bildstreifen, wo Gott – der Mönchsmaler stellt den Unsichtbaren als Christusfigur mit Nimbus dar – den Menschen aus Erde bildet (links) und ihm die Rippe zur Erschaffung der Frau entnimmt (rechts). Zum anderen im unteren Bildstreifen, wo der Engel das erste Menschenpaar nach dem Sündenfall des Paradieses verweist.

Die beiden hoheitsvollen Engel oben erscheinen als Halbfiguren hinter dem blauen Horizont. Mit ausgebreiteten Armen blicken sie auf den Schöpfer. Sie sind wachsam beobachtende Begleiter, Zeugen der Göttlichkeit des Geschehens. In der Bibel sind es immer zwei, die als Zeugen auftreten.

Der Engel unten ist der Cherub, der laut Genesis 3,24 mit flammendem Schwert den Eingang zum Paradies bewacht. Hier aber trägt er den Botenstab und er treibt, indem er die vorher nackten, nunmehr bekleideten Menschen an der Schulter berührt, diese aus dem göttlichen Schutzbereich hinaus. Adam und Eva scheinen das zu verstehen. Ihre Gesten und ihre rückwärts gewendeten Köpfe deuten es jedenfalls an.

Engel am Anfang (hier als Phantasie des Malers), Engel am Schluss der Schöpfungserzählung. Dazwischen aber das übrige Schöpfungsgeschehen. Im zweiten Streifen links wird Eva Adam zugeführt. Rechts verbietet Gott den beiden, vom Baum der Erkenntnis zu essen. Im dritten Streifen links reicht Eva, von der Schlange verführt, Adam den Apfel. Rechts zieht Gott die Menschen zur Rechenschaft.

Unten aber sind Adam und Eva im dunklen außerparadiesischen Bereich. Sie sind nicht nur gottverlassen, sie sind auch engelverlassen. Eva stillt unter einer Girlande (diese ein Hoffnungszeichen ebenso wie die Blütengewächse im gelben Feld) ihr Kind, Adam hackt im Schweiße seines Angesichts die Erde auf.

Der Engel – hinter ihm steht Gott – wird den Menschen die Rückkehr in den Paradiesbereich, den Ort von Schönheit und Fruchtbarkeit, verweigern. Engel, so mögen wir es sehen, gehören ins Paradies. Die vorwärtsgewandte Sehnsucht heutiger Menschen nach dem Paradies ist immer auch eine Sehnsucht nach dem Engel.

Engel in der Schöpfungsgeschichte des Jahwisten. Bibel von Moutier-Grandval. Tours um 840. British Museum, London.

Der Engel anstelle des Schöpfergottes

Eine ganz andere Schöpfung erzählt Marc Chagall. Ihm, dem Juden, der sich streng an die Jüdische Bibel (das Alte Testament) hält, ist es verwehrt, Gott als Gestalt ins Bild zu bringen. Oft bringt er stattdessen den Kreis mit dem eingeschriebenen hebräischen Wort für JAHWE. Hier aber ist der Engel Vertreter des Schöpfungsgottes. Er trägt den erschaffenen Menschen, Mann und Frau zugleich, in die paradiesische Schöpfungswelt.

Dieser Engel kommt in mächtiger Flugbewegung, mit zum Schöpfungsursprung hin zurückgewandten Kopf, den wie schwebenden, noch schlafenden Menschen mit der Rechten haltend, von links her ins Bild. Groß von Gestalt, ist er ganz auf ein jenseitig Anderes hin bezogen. Der Mensch aber, dieses einzigartige Geschöpf, überspannt die Bildmitte. Er ragt hinein in den rechten Teil, wo sich unter dem dreifachen Regenbogen, dem Vogel oben, dem Vogel unten, lebhaft wachsendes, blühendes Strauchwerk gegen den Bogen und gegen den Menschen hin ausdehnt.

Der Bogen, so Gott in Genesis 9,16, soll die Menschen an den ewigen Friedensbund erinnern, den er mit ihnen schloss. Der Mensch im Arm des Engels aber ist vorgesehen – so Genesis 1,28 f. zu lesen –, in der Schöpfungswelt für die Tiere zu sorgen, sich aber auch an den Früchten der Pflanzen und der Bäume zu erlaben.

Faszinierende Farben bietet Marc Chagall an, auf einem Grundfeld nuancierter Blautöne genial gesetzte Striche und Tupfer von Weiß, Gelb, Grün und Rot. Das Weiß, so Chagalls Glasfenstermeister, der Franzose Charles Marq aus Reims, ist dabei das Lichtelement im Glas, durch das die anderen Farben aufleben, bestimmt und abgegrenzt werden. Charles Marq sprach mit dem ihm eng verbundenen Chagall über das Licht, das durch die Farben hereindringen würde, die Farbnuancen zu steigern, sie aufblühen zu lassen. Er sprach mit ihm über die souveräne Kunst, Form und Farbe einander zuzuordnen.

Zu den Engeln aber hatte Chagall ein besonderes Verhältnis. Er vermochte, so Charles Marq, ihre Stimme zu vernehmen: »Ein Mozart-Quintett! Wo hat er das wohl aufgetrieben? Das muss ihm jemand eingeflüstert haben. Das singt ja, das singt ... Und *er* singt. Er vernimmt die Stimme der Engel. So etwas wird nicht jedem eingegeben.«

Chagall ist seinem Engel in diesem elementaren Bild ganz nahe. Er ist der Heiligkeit Gottes ganz nahe. Eine Traumvision haben wir vor uns, in der der Engel für den Schöpfer steht. Großartig ist diese Bildidee.

Marc Chagall: Der Gottesengel trägt den Menschen ins Paradies.
Glasmalerei 1979. Schöpfungsfenster der Kathedrale von Reims. Ausschnitt.

Engel in den Vätergeschichten

Abraham und die drei Engel

In Genesis 18,1-15 lesen wir, dass Gott zu Abraham in Mamre kommt. Bei den Steineichen lässt er sich sehen – durch drei Boten. Abraham neigt sein Gesicht zur Erde vor den Boten, den Engeln: »Herr, gehe nicht vorüber. Ich will Wasser bringen. Wascht eure Füße! Bleibt!« – Für den Erzähler sind Gott und seine Boten eins. Darum die wechselnde Anrede. Abraham lädt die Boten zum Essen. Er bewirtet sie reichlich mit Brot, gebratenem Fleisch, mit Milch und Sahne. Sie essen. Dann fragen sie: »Wo ist Sara, deine Frau?« Abraham sagt: »Im Zelt!« Gott sagt: »Übers Jahr hat Sara einen Sohn!« Sara aber hat gelauscht: »Ich uralte Frau einen Sohn?! Dass ich nicht lache!« Gott aber spricht zu Abraham: »Warum lacht Sara? Gibt es etwas, das unmöglich ist für mich? Ich komme wieder, wenn neues Leben da ist, wenn Sara einen Sohn hat!« Und die drei machen sich auf.

Wie geht Chagall mit dieser Geschichte um? Er hält den Augenblick fest, da die drei Engel bereits zu Tisch sitzen, auf umlaufender Bank, zwei von hinten, einer von der Seite gesehen. Bildbeherrschend sind ihre weißen Flügel, die nachdrücklich auf die überirdische Herkunft der drei verweisen. Abraham, ganz besorgter Gastgeber, wendet sich ihnen mit ineinandergelegten Händen nachdenklich zu. Er ist eingetreten in den Gottesbereich. Sara hingegen, ganz am Rande mit einer Schüssel in den Händen, scheint von der Gotteserkenntnis ausgeschlossen. Gleich wird sie im Zelt – hier ein festes Haus unter der Steineiche – in sich hineinlachen: »Ich soll noch gebären? Das ist doch völlig unmöglich!«

In den drei Boten aber ist Gott gegenwärtig, wenn auch fernab jeglicher Trinitätsvorstellung christlicher Theologie, wie sie sich etwa in Ikonen der Ostkirche zum Thema findet. Christliche Dogmatik war Chagall, der nach Aussagen seiner Tochter Ida nie im Neuen Testament gelesen hat, fremd. Und wenn er Jesus (als Gekreuzigten) malte oder seine Mutter Maria, so meinte er den jüdischen Bruder Jesus und dessen Mutter Mirjam als jüdische Frau.

Ein in seinen Konturen einfaches, eindeutiges Bild, das die alttestamentliche Atmosphäre der Geschichte überzeugend einzufangen vermag. Wie immer ist der Maler Chagall mit seinem Gegenstand völlig eins. Zu seiner Bibelnähe sagt der Ostjude Chagall: »Fast unerwartet entdeckte ich die Welt der Bibel und darin einen Teil meines wahren Seins.« So mögen wir auch in seiner Abrahamsgestalt Chagall selbst sehen, der zutiefst darüber nachsinnt, dass ihm im Alltag wirklich Engel begegnen, Engel wie Menschen, Engel, die essen.

Marc Chagall: Abraham und die drei Engel. Gouache.
Musée National Message Biblique, Nizza.

Abraham und der Engel, der Einhalt gebietet

Das Schwerste vom Schweren soll Abraham tun. Er soll Isaak, seinen Sohn, auf dem die Verheißung der Nachkommenschaft ruht, auf dem Berg Morija zum Brandopfer darbringen. Gott scheint es von ihm zu fordern. Doch Abraham weiß nicht, was dem Leser der Geschichte Genesis 22,1-19 aus Vers 1 bekannt ist: Gott wollte Abraham prüfen.

So gehorcht denn Abraham, obwohl er das Ungeheuerliche nicht verstehen kann. Er macht sich auf mit Isaak, den er lieb hat, mit dem Esel, der das Holz für das Opferfeuer trägt, und mit zwei Knechten. Er kommt zum Berg Morija. Er schichtet das Holz auf. Er legt seinen Sohn auf die Scheite. Er greift zum Messer, um ihn zu töten – da der Engel Gottes: »Abraham, halt ein! Du bist gehorsam! Gott sieht es! Dein Sohn soll leben!« Und als Abraham aufschaut, sieht er den Widder im Gestrüpp. Und da opfert er das Tier. Und er gibt dem Ort einen Namen: ›Gott sieht‹. Denn Gott hat Abraham sehen lassen, dass all das Entsetzliche nicht gilt.

Die Geschichte, in deren frühen Tiefen die Ablösung eines Menschenopfers durch ein Tieropfer liegt, weiß es: Isaaks Tod war niemals gewollt. Bereits in Vers 8 deutet sich das an: »Gott wird sich schon ein Schaf erwählen!« Viel zu wenig haben skeptisch Fragende dies bedacht, vor allem aber das Ende der Geschichte, das ein negatives Gottesbild keinesfalls zulässt.

Chagall indes malt einen dunklen Abraham mit einem riesigen Kopf, mit einem Gesicht, dessen Augen noch die Verzweiflung des Angefochtenen ahnen lassen, die aber zugleich gegenüber dem herabstürzenden Engel ein großes gläubiges Erstaunen spiegeln. Dieser Engel, vom Himmel herab ganz die jenseitige Macht Gottes repräsentierend, mit Flügeln, die auch seine Arme sind, ist mit seinen Augen denen Abrahams ganz nahe. Und die Spitze des erhobenen Messers – auch dies ein Hoffnungszeichen – ist bereits auf den kleinen Widder unter dem Baum links gerichtet.

›Gott sieht‹ wird Abraham sagen. Und das ist das große positive Signal über dieser Geschichte, die immer wieder als schwierig angesehen wurde.

Marc Chagall geht in seinem Bild völlig auf. Den Text, den er von innen her wahrgenommen hat, gestaltet er frei und natürlich. Eindrucksvoll der Dreiklang zwischen dem hellen Engel, dem weißen Opferleib des jungen Isaak – es ist der Körper einer Frau! – und der blauschwarzen Gestalt des Erzvaters Abraham. Durch Chagalls intuitive Kraft ist eine Szene entstanden, deren Expressivität durch die reiche Skala der Farbtöne noch unterstrichen wird.

Die biblischen Bilder Chagalls sind im 20. Jahrhundert eine Ausnahmeerscheinung. Kein anderer Maler vermochte es ihm an tiefer Bibelverbundenheit wie an traumhaft genialer Umsetzung gleichzutun.

Marc Chagall: Abraham und Gottes Engel auf dem Berg Morija. Gouache.
Musée National Message Biblique, Nizza.

DER ENGEL BEI HAGAR IN DER WÜSTE

In Mose 21,9-21 lesen wir, dass Abraham nicht nur mit Sara den Sohn Isaak hat, er hat auch mit der ägyptischen Sklavin Hagar den Sohn Ismael (= ›Gott hört‹). Eines Tages ärgert sich Sara an Ismael. Sie spricht zu Abraham: »Jage diese Sklavin mit ihrem Sohn fort. Mein Sohn Isaak soll nicht mit ihrem Sohn das Erbe teilen!«

Abraham missfällt das. Gott aber spricht: »Tu, was Sara sagt!« So nimmt Abraham denn am nächsten Morgen Brot und einen Schlauch mit Wasser und gibt es Hagar. Dann muss sie das Zelt mit ihrem Sohn verlassen.

Hagar kommt in die Wüste. Sie irrt umher, Tag um Tag. Dann ist kein Wasser mehr im Schlauch. Alles ist ausgetrunken. Ismael schreit vor Durst. Hagar legt ihn in den Schatten eines Baumes. Sie weiß sich nicht mehr zu helfen. Ganz verzweifelt beginnt auch sie zu weinen: Mein Sohn muss sterben ... Da – der Engel Gottes. Von oben her ruft er: »Hagar, sei ohne Furcht! Gott hört das Schreien deines Sohnes. Gott wird ihn retten. Ein großes Volk wird von ihm kommen!«

Hagar schaut auf. Da sieht sie einen Brunnen in der Wüste. Da gibt sie ihrem Sohn zu trinken. Da lebt er wieder. Und Gott ist mit Ismael. Der wächst heran. Er wird ein Bogenschütze. Und er bleibt in der Wüste, im Steppenland.

Die Farbskizze Tiepolos zeigt in abgestuften duftigen Brauntönen ein leicht hingeworfenes und dennoch intensives Zueinander von herabschwebendem Engel, der aufblickenden Hagar und dem wie tot auf ihrem Schoß liegenden nackten Ismael, den sie behutsam umfängt. Alles wirkt wie aus der Inspiration eines Augenblicks heraus entstanden und ist doch voll emotionaler Tiefe, das tröstend-liebevolle Herabneigen des Engels zu der Frau in ihren großen Ängsten ebenso wie Erwartung und vollkommenes Vertrauen, die sich in Hagars Gesicht spiegeln. Zur Rechten aber, symbolisch für den Wüstenbrunnen, steht ein Krug.

Der große Maler Giovanni Battista Tiepolo, der im europäischen Spätbarock so unvergleichliche Werke schuf, hat hier in einer genialen Farbstudie mit kühnem Pinselstrich eine zentrale Stelle des Alten Testamentes festgehalten: Auch den Israel fremden Völkern gilt der Heilswille Gottes. Auch sie werden von seinem Engel besucht. Ismael ist ausersehen, Stammvater des Volkes der Ismaeliter, der späteren Araber, zu werden. Doch er bleibt wie Isaak Sohn Abrahams. Und so können sich heute neben den Juden auch die muslimischen Völker auf Abraham als den Vater ihrer Religion berufen. Was Abraham sich aber gegenüber Hagar zuschulden kommen ließ – der Engel hat es korrigiert.

*Giovanni Battista Tiepolo (1696–1770): Der Engel bei Hagar und Ismael.
Farbzeichnung. Graphische Sammlung der Staatsgalerie Stuttgart.*

Jakobs Traum von der Himmelsleiter und sein Kampf mit dem Engel

Vor uns ein Zwei-Szenen-Bild, das die Erzählungen von Jakobs Traum (Genesis 28,1-19) und seinen Kampf mit dem Engel am Jabbok (Genesis 32,23-31) – zwei Ereignisse, die zeitlich weit auseinander liegen – zusammenschaut.

Bei dem ersten Ereignis ist Jakob auf dem Weg nach Haran im Zweistromland zu seinem Onkel Laban. Bei dem zweiten Ereignis ist Jakob auf dem Heimweg von Haran zurück zu seinem Vater Isaak. Bei dem ersten Ereignis legt Jakob auf der Flucht vor seinem Bruder Esau, den er um sein Erstgeburtsrecht betrog, bei einbrechender Dunkelheit seinen Kopf auf einen Stein, schläft ein und sieht im Traum die Himmelsleiter mit den Engeln Gottes darauf. Und Gott spricht zu ihm: »Zahlreich werden deine Nachkommen sein. Immer bin ich mit dir!« Und als Jakob erwacht, richtet er den Stein auf und nennt den Ort ›Bet-El‹, ›Haus Gottes‹. Bei dem zweiten Ereignis ist Jakob mit seinen Frauen Lea und Rahel, mit den elf Söhnen und seinen Herden über den Fluss Jabbok gezogen. Bei Nacht bleibt er allein zurück und kämpft mit einem Mann dort, mit Gott, mit Gottes Engel. Und der Kampf ist hart. Er dauert bist zum Morgen.

Genial verbindet der Freskomaler beide Szenen. Links, diagonal ins Bild gestellt, eine mächtige Leiter, die in den dunklen Himmel ragt. Zwei Engel steigen aufwärts, zwei kommen ihnen abwärts entgegen. Oben ist das Bild zerstört. Jakob aber, eingehüllt in sein Gewand, den rechten Arm unter dem Kopf, mit Nimbus, also Gott zugehörig, schläft zu Füßen der Leiter einen tiefen Schlaf. Rechts vor dem aufragenden Felsmassiv und im Grün des Flussufers zwei ineinander verschlungene gebeugte Gestalten, wobei der Engel Jakob an den Hüften umgreift, ihn auf die Hüfte schlägt. Beide tragen Nimben. Die Flügel des Engels scheinen gleich denen der Engel auf der Leiter von einem mächtigen Wind erfasst. Das gibt dem Bild neben den rhythmisch bewegten Gewändern seine hohe Dynamik. Jakob wird nach bestandenem Kampf nicht mehr ›Betrüger‹ heißen, sondern ›Gottesstreiter‹, ›Israel‹. Und er wird dem Ort einen Namen geben, ›Angesicht Gottes‹, denn er hat Gott gesehen von Angesicht zu Angesicht.

Ein starkes Bild, ein hochdramatisches Szenarium, ein Meisterwerk der Freskomalerei. Die Engel aber bleiben Traumbilder, das nach außen gekehrte Göttliche. Gläubigen Menschen begegnen sie im Traum. Ein Mensch kann sagen: Ich habe mit meinem Engel (mit mir selbst) gerungen. Und ich war ein anderer danach. Der Maler indes vermag solches Geschehen des Inneren bildhaft werden zu lassen. Wir sehen sie, die machtvollen Boten des Herrn.

*Jakobs Traum von der Himmelsleiter und sein Kampf mit dem Engel.
Wandmalerei von 1295 in der Peribleptoskirche von Ohrid, Makedonien.*

JOSEF: DER ENGEL IN PHARAOS TRAUM

Weil Vater Jakob seinen zweitjüngsten Sohn Josef, der Träume hat, vorzieht, hassen die Brüder ihn. Bei günstiger Gelegenheit verkaufen sie den Träumer als Sklaven nach Ägypten, wo er im Hause Potifars von dessen Frau übel belästigt und, als er sich wehrt, verleumdet wird. Potifar lässt ihn daraufhin ins Gefängnis werfen. Doch Gott ist mit Josef. Im Gefängnis vermag er die Träume vom Mundschenk und vom Bäcker Pharaos zu deuten. Und als Pharao selbst Träume hat, die keiner seiner Weisen ihm erklären kann, wird der junge Josef an den Hof gerufen. Hier gelingt es ihm, die Träume des Herrschers auszulegen: Sieben wohlgenährte Kühe, die von sieben mageren gefressen werden, sieben volle Ähren, die von sieben ausgedörrten verschlungen werden, das, so Josef vor dem Pharao, bedeutet, dass in Ägypten sieben fette Jahre mir reicher Ernte kommen, danach sieben magere Jahre, wo Hunger droht. Josefs Rat, in den sieben guten Jahren Vorratshäuser anzulegen, wird vom Pharao hocherfreut aufgenommen. Er ernennt Josef zum ersten Minister, der alles Notwendige bewerkstelligen soll. Und so kommen die sieben guten Jahre, dann die sieben Jahre der Dürre.

Die Brüder aber, als auch in Kanaan Hungersnot ausbricht, ziehen nach Ägypten und kaufen Korn bei Josef. Als sie ein zweites Mal in Ägypten um Korn nachsuchen, gibt Josef sich zu erkennen und versöhnt sich mit ihnen (nach Genesis Kap. 37 und Kap. 39-45).

Chagall bringt in die Josefsnovelle eine Szene ein, die gar nicht erzählt wird: Dem Pharao erscheint in seinem Traum ein Engel. Wir sehen, wie dieser in einem großen weißen Lichtkreis schwungvoll herniederfährt und seine Hände dem still Schlafenden, der seine tiaraähnliche Krone neben sich abgelegt hat – Gottes Wort vernimmt man, wenn man die Krone absetzt –, entgegenbreitet.

Der Engel erscheint einem, der nicht zum Volk Israel gehört. Wir erkennen: Gott kommt in seinem Engel zu allen Menschen. Selbst ein ägyptischer Pharao kann eine Botschaft erhalten. Der Geist weht, wo er will: Deine Träume, Pharao, auch wenn sie erschreckend sind, werden dir zum Segen gereichen!

Ebenfalls erkennen wir in dieser behutsam kolorierten Radierung: Gottes Engel kommt im Traum: »Im Traum, im Nachtgesicht, wenn der Schlaf auf die Menschen fällt, da öffnet er das Ohr des Menschen« (Hiob 33,15).

Der Engel in Pharaos Traum! Es muss nicht in der Bibel stehen, das mit dem Engel. Es ist im Geiste der Bibel gedacht, von der Bibel abgeleitet. Chagalls von der Bibel inspirierte Phantasie hat sich in seinem Bild niedergeschlagen.

Marc Chagall: Engel im Traum des Pharao. Kolorierte Radierung.

Zukunftsträchtig hat der Herrscher Ägyptens geträumt. Josef hat ihm alles gedeutet. Die Josefsgeschichte, ein frühes Stück Weltliteratur, zeigt verhalten, wie der Gott Israels handelt: Er führt alles zum Guten hinaus (Kap. 50,20).

Engel in den Mosegeschichten

DER ENGEL IM BRENNENDEN DORNBUSCH

Mose hütet die Schafe seines Schwiegervaters Jitro im Land Midian. Und als er die Herde durch die Steppe treibt, kommt er eines Tages an den Gottesberg, den Horeb. Dort geschieht es: Der Engel des Herrn erscheint ihm in einer lodernden Flamme, die aus einem Dornbusch schlägt. Der Busch brennt, aber er verbrennt nicht.

Mose ist erschrocken. Er nähert sich dem Busch. Da – die Stimme Gottes: »Mose! Mose!« »Ich höre«, sagt Mose. Gott spricht: »Ziehe deine Schuhe aus! Du stehst auf heiligem Land. Ich bin vor dir, der Gott deiner Väter!«

Mose verhüllt sein Gesicht. Er kann nicht hinsehen. Er fürchtet sich. Gott aber spricht: »Mein Volk in Ägypten wird misshandelt. Sie schreien gegen ihre Unterdrücker. Ich will sie befreien. Ich bringe sie in ein großes und fruchtbares Land, weit und schön. Und du sollst sie führen!« Mose spricht: »Wer bin ich denn. Ich kann das nicht!« Gott aber spricht: »Ich werde dir beistehen. Mit dir werde ich sein. ›Ich bin, der ich bin. Ich bin immer da für euch.‹ Das ist mein Name. Euch wird geholfen. Sag das deinem Volk!« (nach Exodus 3,1-9).

In großer Bewegtheit malt Chagall einen knienden Mose, barfuß, die rechte Hand über dem Herzen, die Augen nach innen gewendet und mit diesen beiden Strahlen (›Hörnern‹) auf dem Kopf, die aus einem Lesefehler im Hebräischen herrühren. Mose – keine andere biblische Gestalt hat Chagall so oft gemalt – ist ganz Hörender, Aufnehmender vor diesem aufwachsenden Feuerbusch, über dem der Engel, ganz in Grün, im mehrfach farbigen Gotteskreis die Arme und die Flügel weit breitet. Sichtbare Erscheinung des unsichtbaren Gottes, steht der Engel für die Stimme, die Rede des Herrn an Mose, für die unzugängliche Heiligkeit Gottes in seiner machtvollen Gegenwart.

Hinter dem Kopf des Mose die Schafe, die er zum Gottesberg trieb. Sie zeigen an, dass er allem Widerstreben zum Trotz Hirte des Volkes Israel sein wird. Ganz rechts am Bildrand, schon mit den Insignien des Hohenpriesters (Turban, Brusttasche), Moses Bruder Aaron, der mit ihm vor den Pharao treten wird. Oben neben für Chagall typischen Bildelementen (Vögel, Mensch, Sonne, Mond, Baum) spitzwinklige Dreiecke, wohl die Pyramiden Ägyptens, die nach dem Auszug dann hinter Mose liegen werden.

Ein Bild von hoher Vitalität der Aussage, das den Geist der Jüdischen

Bibel ganz unmittelbar beschwört. »Chagall findet das in der Welt allgegenwärtige Heilige wieder«, sagt der Religionswissenschaftler Mircea Eliade. Und der Künstler selbst betont im Hinblick auf seine transzendierende Sicht: »Ich las die Bibel nicht – ich träumte sie.«

Marc Chagall: Mose vor dem brennenden Dornbusch. Ölbild, Ausschnitt.
Musée National Message Biblique, Nizza.

DER TODESENGEL GOTTES ÜBER ÄGYPTEN

Neun Strafen haben Ägypten, dessen Pharao das Volk Israel nicht ausziehen lassen will, heimgesucht. Der Pharao bleibt starrsinnig. Da schickt Gott die zehnte Strafe, die Tötung der ägyptischen Erstgeburt bei Tier und Mensch. Israel aber bleibt von dieser Strafe ausgenommen. Gott sagt seinem Volk: »Schlachtet ein einjähriges Schaf- oder Ziegenböckchen. Bestreicht mit dessen Blut die Türpfosten eurer Häuser. Dann wird mein Strafengel vorübergehen! Bratet das Lamm! Esst es in feierlichem Mahl zusammen mit ungesäuertem Brot und bitteren Kräutern! Und seid schon beim Essen reisefertig gekleidet, die Hüften gegürtet und den Wanderstab zur Hand. Denn ihr werdet ausziehen aus Ägypten in dieser Nacht, der Passahnacht!«

Pharao aber, als die Tötung der Erstgeburt hereinbricht, gibt seinen Starrsinn auf. Ja, er drängt das Volk geradezu: »Geht schnell! Verlasst das Land! Nehmt eure Tiere mit! Aber geht!«

So ziehen sie aus. Die Lämmer haben sie verzehrt. Vom ungesäuerten Brotteig aber ist viel übriggeblieben. Den nehmen sie mit (nach Exodus 12,1-14.21-23.31-34).

Chagall malt ein dunkles Bild. Oben, quer über den blauschwarzen Nachthimmel mit ausgestrecktem Schwert der schreckenerregende Strafengel Gottes. Unter ihm, von kleinen Häusern herabstürzend, Menschen und Tiere, die geschlagene Erstgeburt.

Den größeren Teil des Bildes aber nimmt das israelitische Haus ein, in dem eine Gruppe von Männern, acht an der Zahl, das Passah feiert. Auf dem Tisch das gebratene Lamm in einer Schüssel, dazu zwei große Mazzen (ungesäuertes Brot) und ein kleiner Becher mit Wein. Der Israelit zur Linken will sein Gesicht in den Händen verbergen. Ein zweiter betet. Ein dritter isst. Der vierte in der Mitte schneidet das Lamm auf. Vor ihm schlägt ein fünfter die Hand vors Gesicht. Die restlichen drei sind aufgestanden. Der ganz rechts greift nach dem Wanderstab, dessen Krücke auf dem Tisch liegt.

Gleich werden sie aufbrechen. In großer Erregung sind sie, in unruhiger Hast. Ihre Hände zeigen das an, auch ihre Gesichter.

Gott straft durch seinen Engel. Das lehren Geschichte und Bild. Mit der Unterdrückung Israels hat der Pharao die göttliche Schöpfungsordnung – Gott steht auf Seiten der Unterdrückten - zutiefst verletzt. Darum ist sein System dem Untergang geweiht. Darum verfällt alle Erstgeburt - auf sie kommt es nach den Vorstellungen der orientalischen Welt an - dem Tode. Als Bild dafür wählt der Erzähler den strafenden Engel.

Das Passah (= ›Vorübergehen‹) aber wird in der Folgezeit zum größten bis heute gefeierten Fest des jüdischen Volkes.

*Marc Chagall: Der Strafengel Gottes und das erste Passahmahl. Gouache.
Musée National Message Biblique, Nizza.*

Der Engel beim Durchzug durchs Meer

Das Volk hat Ägypten verlassen. Und Gottes Engel – in ihm beschloss Gott selbst – geht vor ihnen her, des Tages in einer Wolkensäule, des Nachts in einer Feuersäule. Und sie lagern am Schilfmeer. Der Pharao aber, bereuend, dass er Israel hat ziehen lassen, ruft sein Kriegsvolk auf, lässt seine Streitwagen anspannen und jagt den Israeliten nach. Die aber, als sie das ägyptische Heer herankommen sehen, schreien vor Angst. Doch Mose spricht: »Verliert den Mut nicht! Bleibt ruhig! Gott selbst wird für euch streiten!« Und Gott spricht zu Mose: »Strecke deinen Stab aus über das Meer! Dann wird es sich teilen, und ihr könnt auf trockenem Grund mitten hindurchgehen!«

Und so geschieht es: Als Mose den Stab ausstreckt, braust ein starker Ostwind heran. Der schlägt eine Schneise ins Meer, so dass die Wasser auf zwei Seiten sich erheben und das Volk trockenen Fußes hindurchziehen kann. Als aber die Ägypter heranstürmen, stürzen die Wasser zurück. Die Fluten fallen über das Heer, über Streitwagen, Kriegsvolk und den Pharao. Alle sind verloren. Sie müssen elend ertrinken. Kein Einziger kommt mit dem Leben davon (nach Exodus 14,1-30).

So lesen wir in der Bibel. Aber wir wissen: Historisch hat es sich nicht so ereignet. Die Schilfmeergeschichte ist der Vorstellung eines Erzählers entsprungen. Für ihn war Gott der rigoros Vernichtende, der die Ägypter, die Unterdrücker, im Niedersturz der Wasser vergehen ließ. Wir heute indes können mit einem derartigen Gottesbild nicht mehr leben. Darum nehmen wir Abschied davon.

Chagall aber folgt den biblischen Worten. Er zeigt uns die zugleich trennende und schützende göttliche Wolkensäule, die das wohlgeordnet ziehende Volk Israel – alle in Weiß und Blau – von drei Seiten umgibt, während der Engel Gottes mit weitgespannten Flügeln in einer weisenden Bewegung zum Volk hin voranzieht. Wir sehen, wie die Masse des ägyptischen Heeres, ganz in Rot, der Pharao mit Krone in der Mitte, durcheinandergewirbelt im Chaos versinkt. Wir sehen links, ganz in Gelb, die riesige schwebende Gestalt des Mose, wie er seinen Stab erhebt. Und wir sehen von rechts her mit der Tora-Rolle hereinfliegend einen kleinen Engel, der mit dem Stab des Mose und dem voranziehenden Großengel ein Dreieck bildet, das alles Rettende für das Volk in sich schließt. Ja, Mose selbst ist wie ein Engel. Und so haben wir denn – und dies ist das Grundthema des großartigen Bildes – eine magische Engel-Dreiheit vor uns.

Marc Chagall: Engel beim Durchzug durchs Meer. Ölbild 1955. Privatbesitz.

Bileam, Gideon, Tobias und die Engel Gottes

Bileam, die Eselin und Gottes Engel

Balak ist König der Moabiter. An der Grenze seines Gebietes steht das Volk Israel. Von Mose aus der Wüste geführt, ist es auf dem Weg ins gelobte Land. Balak hat von der Kampfkraft der Israeliten gehört. Er fürchtet sie. Er will nicht, dass sie sein Land durchqueren. »Sie werden hier alles zerstören«, sagt Balak. Da schickt er Boten in die Stadt Petor am Euphrat, um Bileam zu holen. Der soll einen Fluch aussprechen gegen das Volk Israel. Dann meint Balak, die Israeliten besiegen zu können. Bileam ist ein Seher, auch ein Verflucher von Beruf.

Bileam macht sich auf. Sein Reittier ist eine Eselin. Gott hat gesagt: »Geh nur! Aber du darfst Israel nicht verfluchen. Ich habe das Volk gesegnet.«

Unterwegs geschieht es. Plötzlich steht der Engel Gottes mitten im Weg, der Engel mit dem Schwert. Die Eselin sieht ihn. Bileam sieht ihn nicht. Die Eselin weicht aus ins Feld. Da treibt Bileam sie mit Stockschlägen zurück. Und wieder – Weinbergmauern begrenzen den Weg – der Engel. Die Eselin weicht aus. Dabei wird Bileams Fuß an der Mauer eingequetscht. Voller Zorn und Schmerz schlägt Bileam wieder auf das Tier ein. Eine dritte Stelle. Sie ist ganz eng, kein Durchkommen. Wieder der Engel. Da wirft die Eselin sich hin. Und erneut schlägt Bileam mit dem Stock auf sie ein. Da beginnt die Eselin zu sprechen: »Dreimal hast du mich geschlagen. Was habe ich dir getan?«

Dies ist der Augenblick, den Rembrandt festhält.

Bileam, orientalisch gekleidet (Turban!), holt mit dem Stock in der Rechten zum Schlag gegen die in die Knie gefallene, sich aufbäumende Eselin aus. Zornentbrannt ist sein Gesicht. Neben ihm in leichtem, weißem Gewand, weit schwingen die Flügel, der Engel mit dem erhobenen Schwert. Im Hintergrund Begleiter des Sehers.

Die Szene ist hochdramatisch. Mit geöffnetem Maul spricht die Eselin. Gleich wird es Bileam wie Schuppen von den Augen fallen. Er wird sich zu Boden werfen und sein Unrecht bekennen.

Danach aber kommt er zu Balak. Und er weigert sich, das Volk Israel zu verfluchen. »Gott will sie segnen. Kein Unglück wird sie treffen«, sagt er zum Moabiterkönig. Der aber ist empört: »Mir aus den Augen!«, schreit er: »Mach, dass du fortkommst!« Und Bileam zieht heim.

Die Geschichte des Nicht-Israeliten Bileam aus dem 4. Buch Mose (22,1-24,25) gehört zu den ältesten Engeltexten der Jüdischen Bibel. Sie macht den berufsmäßigen Verflucher aus dem Zweistromland zum Propheten, zum Künder für das Volk Gottes. Balak aber muss es begreifen: Gott verflucht das Volk Israel nicht.

Rembrandt van Rijn: Bileam und der Engel. Ölbild 1626. Musée Cognacq-Jay, Paris.

Der Engel, der Gideon sendet

Das Richterbuch umspannt die Zeit von der Landnahme Israels bis zur Einsetzung eines Königs (13.–11. Jahrhundert). In Zeiten der Bedrohung, so der Verfasser des Buches, setzt Gott charismatische Führerpersönlichkeiten, ›Richter‹, ein, die die Geschicke der Stammesverbände lenken. Einer von ihnen ist Gideon (›Schwert‹, ›Haudegen‹), Sohn des Joasch, gebürtig aus Ofra im Stamm Manasse. Gideon ist einer der ›großen‹ Richter Israels. Er wird von Gott berufen, sein Land aus der Gewalt der Midianiter, eines nomadischen Reitervolkes aus dem Sinai, das Israel alljährlich zur Erntezeit mit seinen Kamelreitern überfällt und verheert, zu erretten. Gideons Berufung zu seiner Aufgabe geschieht durch einen Engel.

Richter 6,1-23 wird erzählt, wie der Engel vor Gideon, der in einer Weinkelter Weizen drischt, erscheint. Als Gideon hört, er sei berufen, sein Volk von den Midianitern zu befreien, reagiert er skeptisch: »Gib mir ein Zeichen. Ich möchte erkennen, dass wirklich Gott zu mir redet.« Zugleich sagt er zum Engel: »Warte hier! Ich will dir eine Gabe bringen.«

Was Gideon bringt, ist das Fleisch eines Ziegenböckchens sowie Brot und Brühe in einem Topf. Mit seinem Stab berührt der Engel die Gaben. Da fährt Feuer herab und verzehrt alles. Das ist das Zeichen. Gideon ist erschrocken. Der Engel aber ist im selben Augenblick verschwunden. Gideon ruft: »Gott, ich habe deinen Engel gesehen. Ich muss sterben!« Gott aber spricht: »Du musst nicht sterben! Zwischen uns ist Frieden!« Da baut Gideon einen Altar und nennt ihn ›Gott ist Frieden‹.

Francesco Fontebasso zeigt uns in seinem Bild, wie Gideon auf dem schon vorhandenen Altar über Brot und Fleisch die Brühe ausgießt, während der Engel mit seinem Stab das Feuer aufflammen lässt. Alles ist in der bewegt farbenreichen Manier des Rokoko dargestellt: Gideon im roten Umhang, seine Kriegswaffen malerisch am Boden drapiert, der Engel mit schönem Angesicht und freizügig entblößten Gliedern unter der Eiche heranschwebend und mit eleganter Stabbewegung das Feuer entfachend.

Gideon aber, jetzt der Berufung Folge leistend, wird, so die weitere Erzählung, in einem Feldzug mit einer kleinen Schar von Kriegern die Midianiter besiegen und sie zum Rückzug aus den Stammesgebieten Israels zwingen.

Die Begegnung mit einem Engel, so zeigt die Gideongeschichte, kann so wirkmächtig sein, dass der Mensch sich dem Tode nahe fühlt.

Francesco Fontebasso: Gideons Opfer. Fresko 1736. Pfarrkirche von Povo, Italien.

Tobias und der Engel Raphael

Das Buch Tobit, das wir zu den meisterhaften Erzählzyklen der Jüdischen Bibel zählen, vermittelt uns die breit angelegte Geschichte von der Bewahrung einer Familie. Der aufrechte Israelit Tobit lebt im 8. Jahrhundert v. Chr. mit seiner Frau Hanna und seinem Sohn Tobias unter assyrischer Herrschaft in Ninive, hält aber treu an seinem Glauben fest. Tobit, alt und erblindet, schickt seinen Sohn Tobias in die medische Stadt Gades, um dort bei einem Freund geliehenes Geld einzufordern. Auf der Reise wird Tobias von Asarja begleitet, der in Wirklichkeit der Gottesengel Raphael ist. Unterwegs am Tigris wird Tobias von einem großen Fisch bedroht, den er aber zu töten vermag. Asarja trägt ihm auf, die Galle des Fisches aufzubewahren.

Der Weg führt die beiden zunächst nach Ekbatana zu Tobits Vetter Raguël, dessen Tochter Sara durch einen Unheilsdämon heimgesucht wird. Doch mit Asarjas Hilfe gelingt es, den Dämon unschädlich zu machen. Tobias aber entbrennt in Liebe zu Sara. Die beiden heiraten. Während der Hochzeitsfeierlichkeiten eilt Asarja nach Gades, das Geld abzuholen. Dann kehren alle nach Ninive zurück, wo Tobias mit der Fischgalle das Augenleiden seines Vaters heilt. Asarja aber gibt sich als Engel Gottes zu erkennen und verlässt die glückliche Familie.

Domenichino hat für sein Bild die Szene am Tigris gewählt. Er stellt Asarja als Engel Raphael mit Wanderstab, einem gestuft herabfallenden weißen Kleid, mit Lockenhaar und prachtvollen Flügeln dar. Die weisende Hand des Engels lässt uns die an Tobias gerichteten Worte hören: »Greif zu! Pack ihn! Schneide ihn auf! Nimm seine Galle heraus!« Tobias aber, jung, kräftig, rot-weiß gewandet, hat den Fisch bereits fest gepackt. Sein zum Engel hin gewendetes Gesicht spiegelt neben Hörbereitschaft auch Zuversicht und Glauben.

Den Hintergrund, Wasser und Uferzone mit Baum, hat Domenichino in einem zarten zum Baum hin nuancierenden Grün gegeben, von dem sich die Figuren deutlich abheben. Ein schönes, ausdrucksvolles Bild von hohem Stimmungswert.

Der Fisch, dessen Galle heilt, ist in der Geschichte ein Lebenssymbol. Der Engel aber zeigt Tobias als Begleiter im Alltag, dass Schwierigkeiten überwindbar sind. Die Gefahr, in die man sich begibt, kann zum Guten ausgehen. ›Gott hilft‹ heißt dieser Engel.

Domenico Zampieri, gen. Domenichino (1581–1641): Tobias, der Fisch und der Engel.
Ölbild. National Gallery, London.

Propheten und Gottes Engel

Rembrandt van Rijn: Elija und der Engel in der Wüste. Handzeichnung. Privatbesitz.

Elija und der Engel der Erquickung

Elija (übersetzt ›Mein Gott ist Jahwe‹), der in der ersten Hälfte des 9. Jahrhunderts vor Christus im Nordreich Israel gegen den König Achab in dessen Hauptstadt Samaria auftritt, zieht sich, als er 400 Baalpropheten dem Tode anheim gibt, den Zorn von Achabs baalsgläubiger Frau Isebel zu. Sie will ihn töten lassen. Da flieht Elija. Er gerät in die Steppe, sinkt ermattet unter einem Ginsterbusch nieder und will nur noch sterben. Verzweifelt fällt er in einen tiefen Schlaf.

Doch im Traum geschieht es: Ein Engel des Herrn rührt Elija an und spricht: »Steh auf! Iss und trink!« Elija erwacht. Er schaut sich um. Da: neben ihm ein frischer Brotfladen und ein Krug mit Wasser. Elija isst und trinkt. Er ist erquickt. Er legt sich wieder schlafen. Der Engel aber weckt ihn erneut: »Elija, steh auf! Iss und trink! Du hast einen weiten Weg vor dir« (nach 1 Könige 19,1-7).

Ein gütiger Engel ist es, der Elija zart an der Schulter berührt. Rembrandt hat den Moment gewählt, da Elija, hier ein alter Mann mit Bart, gerade aus dem kraftspendenden Schlaf auffährt, sich aufrichtet, die Hand erhoben, da sein Blick auf die Gabe – der Brotfladen ist nur in Andeutungen erkennbar – fällt.

Wie immer in Rembrandts Handzeichnungen zur Bibel lebt die Szene von einer großen Unmittelbarkeit: Hier ein erstaunend Erwachender – Elija, dort ein behütend Schützender – der Engel. Alles bewegt und intim zugleich.

Ein scharfer Strahl, diagonal durchs Bild den Engel berührend, auf das Brot zufahrend, zeigt, dass Gott hier gegenwärtig ist.

Marc Chagall: Elija vor der Höhle am Horeb. Radierung. Bible Verve 1956.

Elija vor der Felsenhöhle und der Engel Gottes

Die Geschichte 1 Könige 19 erzählt davon, wie Elija, nachdem er ein zweites Mal gegessen und getrunken hat, sich aufmacht, 40 Tage und 40 Nächte ununterbrochen wandert, bis er zum Berge Gottes, zum Horeb, kommt. Und hier, vor der Felsenhöhle, geschieht es: Ein Sturm fährt herein, groß und gewaltig. Aber Gott ist nicht in dem Sturm. Und dann ein Beben, die Erde erschütternd. Aber Gott ist nicht in dem Beben. Und dann ein Feuer, wild und lodernd. Aber Gott ist nicht in dem Feuer. Und dann ein Wehen, leis und flüsternd – in diesem Wehen ist Gott.

Elija geht es durch und durch. Da hört er Gottes Stimme: »Elija, was willst du von mir?« Elija spricht: »Ich kämpfte für dich. Zwecklos war es. Ich bin verloren. Tot sind alle deine Propheten. Was soll ich denn nur tun?« Gott spricht: »Elija, kehre um! Gehe den Weg zurück! Geh aus der Wüste nach Damaskus und salbe dort Hasaël zum König!« (nach 1 Könige 19,8-13).

Was leise ist, muss nicht weniger eindrucksvoll sein. Elija, so sieht es Chagall, erschrickt so stark vor dem leisen Wehen, dass er das Haupt hinter seinem rechten Arm verbergen muss. Die Stimme Gottes aber, die zu Elija spricht, bringt Chagall mit Hilfe des Engels ins Bild, eines Engels in lichter Wolke mit mächtigen Flügeln und kraftvoll erhobener Hand, eines Engels, der dennoch für die leise Gewalt Gottes im verschwebenden Schweigen steht.

Jesaja und der Engel mit der glühenden Kohle

Der erste Jesaja (es gibt zwei Propheten des Namens) ist der bedeutendste und sprachmächtigste Prophet der Jüdischen Bibel. Rufer, Mahner, ›Hervorsager‹, einer, den Gott in sein Herz sehen lässt, hat Jesaja in seiner Zeit – er lebt und wirkt zwischen 736 und 697 in Jerusalem unter den Königen Ahas und Hiskija – immer wieder vor der assyrischen Gefahr gewarnt, immer wieder Frieden gepredigt. Vergebens. 722 wird das Nordreich Israel durch Assur vernichtet.

Jesaja wird 736 in einer Vision im Tempel von Jerusalem zum Propheten berufen. Er schaut Gott auf einem hohen Thron, umgeben von mächtigen sechsflügligen Engeln. Er hört, wie die Engel einander zurufen: »Heilig, heilig, heilig ist Gott, der Herr der Welt!«

Ehrfurcht erfüllt Jesaja, ja Angst packt ihn. Er schreit auf: »Ich bin nicht würdig, von Gott zu reden. Schuldig bin ich. Ich bin verloren!«

Da kommt einer der Engel zu ihm geflogen. Er hat mit der Zange eine glühende Kohle vom Altar genommen. Damit berührt er den Mund des Propheten: »Die Glut ist an deinen Lippen. Jetzt bist du frei von aller Schuld. Du bist rein!«

Und Jesaja hört die Stimme des Herrn: »Wen soll ich senden? Wer ist bereit, mein Bote zu sein?« Da antwortet er: »Ich bin bereit! Sende mich!« (nach Jesaja 6,1-8).

Das Bild gibt die zentrale Szene des Textes – Jesaja steht hier in einer Initiale – eindrucksvoll wieder.

Jesaja und der Engel mit der glühenden Kohle.
Evangeliar des Hillinus. Reichenau um 1000.
Diözesanbibliothek Köln. Ausschnitt.

DER SANCTUS-ENGEL

Der Engel, der in der Tempelvision Jesajas zu ihm kommt, ist ein Seraf, der nach alttestamentlicher (vorexilischer) Vorstellung zu den Hofengeln Gottes gehört. Serafen (Seraphim) und Keruben (Cherubin) umstehen Gottes Thron. Sie dienen Gott. Sie bezeugen seine Majestät. Sie loben und ehren ihn. Schon hundert Jahre vor Jesaja hatte Micha, Sohn Jimlas, eine solche Vision: »Ich sah den Herrn auf seinem Thron sitzen. Rechts und links von ihm stand der ganze himmlische Hofstaat« (1 Könige 22,19).

Das ›Heilig, heilig, heilig‹ der Thronengel Gottes in Jesaja 6,3 aber ist als ›Sanctus‹ zu einem der ehrwürdigsten Bestandteile der Römischen Messe geworden und von da über Luthers Deutsche Messe auch im evangelischen Gottesdienst gegenwärtig. In der Abendmahlsliturgie wird das, was teilweise in mittelalterlicher Abkürzung den Schrifthintergrund unseres Sanctus-Engels bildet – Sanctus, sanctus, sanctus dominus deus Sabaoth. Pleni sunt coeli et terra gloria tua. Osanna in excelsis. Benedictus, qui venit in nomine domini. Osanna in excelsis – wortwörtlich gesungen:

Heilig, heilig, heilig ist Gott, der Herr Zebaoth. Voll sind Himmel und Erde seiner Herrlichkeit. Hosianna in der Höhe. Gelobt sei, der da kommt im Namen des Herrn. Hosianna in der Höhe.

Der sechsfach geflügelte Sanctus-Engel mit seinem von großer Haarfülle umrahmten Gesicht und seinen segnend gebreiteten Armen ist Inbegriff der Anbetung und Verherrlichung Gottes. Unser Bild lässt ihn in edler Würde und mit einer hohen Ausstrahlungskraft erscheinen.

Der Engel des Sanctus, Sakramentar des Bischofs Drogo von Metz. Um 850. Bibliothèque Nationale de France, Paris.

Marc Chagall:
Jesaja und der
künftige Friede.
Radierung.
Bible Verve 1956.

DER ENGEL EINES KÜNFTIGEN FRIEDENS

Wir sehen die Stadt Zion auf dem Berge. Große Lichtbündel gehen von ihr aus. Eine freudig erregte Volksmenge erhebt jubelnd die Hände. Links der Prophet Jesaja, sinnend, in sich hineinhorchend, zugleich vorausschauend, beide Hände über den Knien zusammengelegt. Oben ein großer fliegender Engel mit einer Tora-Rolle, in der er zu lesen scheint.

Was ist gemeint? Jesaja 2,2-5 gibt Auskunft: »Es kommt eine Zeit, da wird der Gottesberg mit dem Tempel alle anderen Berge überragen. Und die Völker, die strömen, werden rufen: ›Der Gott Jakobs soll uns lehren, was recht ist!‹ Ja, vom Zionsberg in Jerusalem wird der Herr sein Wort ausgehen lassen (das symbolisiert der Engel). Der Herr weist die Völker zurecht und schlichtet ihren Streit. Dann schmieden sie aus ihren Schwertern Pflugscharen und aus den Spitzen ihrer Speere Winzermesser. Dann wird kein Volk mehr das andere angreifen, und keiner lernt mehr das Kriegshandwerk!«

Also eine Friedensbotschaft. Chagalls machtvoller Engel kündet Frieden. Hoffnung ist angesagt, Hoffnung auf eine Zeit, in der die Völker der Welt in Frieden miteinander leben werden.

*Marc Chagall:
Der Unheilsengel
über Jerusalem.
Radierung.
Bible Verve 1956.*

DER UNHEILSENGEL ÜBER JERUSALEM

Doch erst einmal ist Krieg. August 587: König Nebukadnezzar von Babylon kommt über Jerusalem mit all seiner Heeresmacht. Es erfüllt sich, was Gott zum Propheten Jeremia sagte: »Ich gebe euch in die Gewalt eurer Feinde. Nebukadnezzar wird euch mit dem Schwert umbringen, schonungslos und ohne Erbarmen. Die Stadt wird in seine Hände fallen, und er wird sie in Schutt und Asche legen« (nach Jeremia 21,5-10).

Visionär setzt Chagall das um: Feuer und Unglück über Jerusalem, das ist wie ein riesiger Engel mit einer Brandfackel. Die Flammen in der brennenden Stadt schlagen hoch. Der Rauch hüllt den Engel ein. Die Bevölkerung aber, der König voran, zieht mit klagend erhobenen Händen aus. Am Wegrand liegen Erschlagene. Vorn im Zug wendet sich ein großer Mann (ist es Jeremia?) mit beschwörend erhobenen Händen zurück.

Jerusalem ist im Unglück. Dräuend der Engel des Schreckens über der verheerten Stadt. Das Volk aber wird in die babylonische Gefangenschaft geführt, ins Exil. Jeremia indes bleibt bewahrt.

Marc Chagall: Jeremia und der Engel Gottes. Ölbild 1968. Privatbesitz.

Jeremia, der Prophet des Leidens, und der Engel Gottes

Unerbittlich hatte Jeremia, der persönlich von scheuer und empfindsamer Natur war, in Jerusalem den Kampf gegen Staatsautorität, gegen öffentliche Meinung und gegen falsche Propheten geführt. Glühend und leidenschaftlich hatte er sich in seinem Auftrag verzehrt. Seine Subjektivität und differenzierte Seelenlage, die Tatsache, dass er von seinen Aufgaben überfordert war und sich ihnen dennoch nicht zu entziehen vermochte, lässt ihn uns nah und vertraut erscheinen.

Tiefen Einblick in seine Empfindungen geben die Klagelieder, erschütternder Ausdruck seines Ringens mit Gott: »Ich bin der Mann, der unter den zornigen Schlägen des Herrn wieder und wieder zu leiden hat. Tag für Tag trifft mich seine Faust. Er umstellt mich mit Bitternis und Qual. In Finsternis lässt er mich wohnen. Ich kann um Hilfe schreien, soviel ich will – mein Rufen dringt nicht an sein Ohr. Die Leute meines Volkes lachen mich aus. Ich weiß nicht mehr, was Glück bedeutet. Ich habe keine Zukunft mehr« (nach Klagelieder 3,1-18).

Kaum zu glauben, dass ein derart gegen Gott Erbitterter dann doch wieder zu positiven Sichtweisen gelangen kann: »Doch ich sehe, ich sehe, ich bin noch am Leben. Gott hat Liebe und Gnade. Jeden Morgen ist sie neu. Unfassbar groß ist seine Treue. Niemals verstößt er mich« (nach Klagelieder 3,21-32).

So ist Jeremia hin- und hergerissen. Chagall sieht ihn in sich versunken, gebeugt über das Buch in seinem Schoß. Schmerz zeichnet sein Angesicht mit der gramzerfurchten Stirn, aber auch ein Hingegebensein an diesen so fernen Gott. Chagalls Hoffnungssignale sind die farbig getönten weißen Bildelemente, die er um die bräunliche Gestalt des Propheten legt: Da ist der Halbmond in der Sonne. Da ist das Gesicht in der anderen Sonne, die von Strahlen durchzogen wird. Da ist vor allem der Engel in weißen Streifen mit Halbmond und Hand, der mit seinem gütigen Antlitz dem voll Trauer Nachsinnenden zugewandt ist, ihn zu trösten.

Die Hand links unten mit dem Gottesnamen JAHWE, das Liebespaar über der Stadt ebendort, all dies sind zusätzliche Zeichen, dass dem Propheten in aller Aussichtslosigkeit das Erbarmen Gottes nicht versagt bleibt.

Ja, Jeremia und sein Engel sind einander untrennbar verbunden. Gott ist gegenwärtig. Er lässt seinen Propheten nicht allein.

Marc Chagall: Hilfe für Jerusalem. Radierung. Bible Verve 1956.

DER HEILSENGEL FÜR JERUSALEM

Diese Chagall-Radierung hat die Zeit der friedlichen Rückkehr des Volkes zum Gegenstand. Nach vielen Exilsjahren gestattet der persische König Kyros, der Babylon erobert hat, den jüdischen Verbannten die seit 538 beginnende Rückkehr. Der zweite Jesaja hat das vorausgeschaut. Bei ihm lesen wir in Kapitel 52: »Fort, fort! Zieht weg von hier! Verlasst Babylon! Jubelt vor Freude, ihr Trümmer Jerusalems, denn der Herr hilft seinem Volk« (V. 9,11).

Chagall sieht unter der glücklichen wiederbevölkerten Stadt den Engel mit den riesigen Flügeln, der, elegant seine Beine schwingend, das Schofarhorn bläst, aus dem in hebräischen Buchstaben das Wort ›Jeruschalajim‹ hervorquillt: Heil Jerusalem! Heil dem Gottesvolk! Das Blasen des Schofar gilt als eines der erwarteten Zeichen für den Anbruch der Gottesherrschaft, für die messianische Heilszeit.

Die Lederkapsel auf dem Kopf des Engels enthält bei den frommen Ostjuden – Chagall mag daran denken – den Text des ›Schmah Israel‹: ›Höre Israel, der Herr, dein Gott, ist einer!‹

Die Heilszeit ist da. Wir sehen im Gotteskreis die erlöste Stadt. Wir sehen das jubelnde in die Freiheit strömende, Gott preisende Volk. Es ist die Zeit des Engels, der Heil und Frieden verkündet.

Marc Chagall: Jesaja empfängt eine göttliche Eingebung. Radierung. Bible Verve 1956.

Hilfreicher Engel in letzter Verzweiflung

In früher nachexilischer Zeit erlebt der zweite Jesaja noch einmal die Not des Volkes in Babylon. Er blickt zurück auf die Bilder, die Israel bedrängten: »Die Städte sind verwüstet. Jerusalem ist ein verlassener Trümmerhaufen. Der Tempel wurde ein Raub der Flammen. Das alles scheint Gott nicht zu rühren. Will er es nicht ansehen? Lässt er uns vollends zugrunde gehen? – Aber nein doch: Er ist unser Vater. Er ist der Töpfer, wir sind der Ton. Er ist nicht zornig auf uns. Er sieht uns freundlich an, uns, sein Volk« (nach Jesaja 64,6-11).

Was sehen wir? Eine bildbeherrschende massige Gestalt auf einem Hügel, barfüßig, in einen großen Mantel gehüllt, mit einem Buch – dem Worte Gottes – neben sich. Es ist der zweite Jesaja. Er scheint verzweifelt. Doch da ist der Engel Gottes. Strahlend fährt er herab und verweist über dem Gebeugten auf die Sonne mit der seitenverkehrten Inschrift für JAHWE: Gott lässt dich nicht im Stich! Gott sieht dich freundlich an!

Und schon sind sie uns vor Augen, die Hoffnungssignale der Gestalt: In sich verkrümmt, als ob er alles abweisen wollte, streckt der Prophet dennoch seine Linke dem Engel entgegen. Und seine nach oben gerichteten Augen wollen hören, aufnehmen, verzweifelt, ja, aber zugleich offen für Gott. Diese Intention verfolgt auch ein ostjüdisches Wort: »Der Mensch muss zu Gott schreien und ihn Vater nennen – bis er ihm Vater wird.«

Engel bei Daniel und im Hohenlied

Willem van Drost (um 1630–nach 1680): Daniel und der Engel seiner Vision. Ölbild um 1650. Staatliche Museen Preußischer Kulturbesitz, Gemäldegalerie Berlin.

DIE ENGELBOTSCHAFT AN DANIEL

Daniel ist die Hauptgestalt des Danielbuches, das von einem Anhänger der Makkabäer um 165 v. Chr., also in der Spätzeit des alttestamentlichen Judentums, geschrieben wurde. Die Kapitel 1–6 berichten von einem Daniel, der in der Mitte des 6. Jahrhunderts in Babylon gelebt haben soll. Die Kapitel

7–12 bringen Daniels Visionen. Darin werden die in Tiergestalt auftretenden Reiche der Babylonier, Meder, Perser und Diadochen (Griechen) durch Gottes Weltgericht der Vernichtung preisgegeben.

Unser Bild ist vom 10. Kapitel des Danielbuches inspiriert. Dort hat Daniel im 3. Jahr des Perserkönigs Kyros eine Vision. Er erzählt selbst davon: »Damals trauerte ich über das Schicksal meines Volkes Israel. Ich fastete und pflegte mich. Dann stand ich am Ufer des Tigris, und als ich aufblickte, sah ich vor mir einen Mann in leinenem Gewand mit goldenem Gürtel. Sein Leib funkelte wie ein Edelstein. Sein Gesicht leuchtete wie ein Blitz. Und seine Augen brannten wie Flammen. Seine Stimme aber klang wie das Rufen einer vielstimmigen Menschenmenge.

Nur ich allein hatte diese Erscheinung. Meine Begleiter sahen nichts.

Als der Mann – ein Engel Gottes – zu mir sprach, stürzte ich zu Boden und blieb mit dem Gesicht auf der Erde liegen. Sogleich griff seine Hand nach mir und zog mich hoch, so dass ich mich auf die Knie aufrichten und mit den Händen aufstützen konnte.

Der Engel sagte zu mir: ›Gib acht auf das, was ich dir zu sagen habe: Du wirst Einsicht in Gottes verborgenen Plan erhalten. Ich bin hier, dir zu sagen, wie es deinem Volk am Ende der Zeiten ergehen wird.‹

Als er das sagte, schlug ich die Augen zu Boden und konnte kein Wort herausbringen. Da berührte er, der aussah wie ein Mensch, meine Lippen, und ich konnte wieder reden. Da sprach ich: ›Dein Anblick hat mir alle Kraft genommen. Wie kann ich kleiner Mensch mit einem so mächtigen Engel sprechen? Der Atem stockt mir, und alle Kraft verlässt mich.‹ Da berührte er mich noch einmal und stärkte mich und sprach: ›Hab keine Angst. Gott meint es gut mit dir. Sei stark und mutig!‹« (nach Daniel 10,1-19).

Willem van Drost lässt Daniel und den Engel in seinem Bild noch ganz jugendlich erscheinen. Aber wie der Engel hinter dem knienden Daniel mit der einen Hand vorausweist, die andere Hand ihm behutsam auf die Schulter legt, wie er teilnahmsvoll dem fragend-zurückschauenden Daniel ganz nahe ist, das schildert der Maler mit einer bewegenden, ja ergreifenden Zartheit. Ganz in der Manier des Rembrandtschen Hell-Dunkel hat Willem van Drost hier ein Meisterwerk geschaffen. Die Zukunft, in die der junge Daniel gleichsam hineintappt, ist offen und dunkel. Aber der Engel zeigt mit seiner richtungweisenden Geste an, dass hier der Weg der Wahrheit liegt.

Daniel tastet sich voran. Er horcht. Und was er hört, verleiht ihm Gewissheit: Es wird eine Zeit der Not und Bedrängnis geben. Aber mein Volk wird gerettet werden (Daniel 12,1).

Selten wurde die unmittelbar-schützende Nähe und Zuwendung eines Engels zu einem Menschen so verhalten-innig ins Bild gebracht.

Engel im Hohenlied der Liebe

Auch in diesem schönsten Liebeslied der Weltliteratur wird kein Engel expressis verbis genannt, und doch sind Engel in dem leidenschaftlichen Gebundensein der Liebenden aneinander überall gegenwärtig:

Sag mir doch nicht, es gäbe keine Engel mehr,
wenn ihr die Liebe gekannt habt,
ihre rosigen Flügelspitzen, ihre eherne Strenge.
Marie Luise Kaschnitz

»In der Kunst und im Leben ist alles möglich, wenn es auf Liebe gegründet ist«, sagt Marc Chagall. In all seinen Bildern zum Hohenlied sind die Engel tragende Elemente der Liebe. Sie sind nicht wegzudenken.

Unser Bild ist ein Gesamttraum des Hohenliedes. Überall gegenwärtig sind die Liebenden:

ER: Verzaubert hast du mich, Geliebte, meine Braut. Ein Blick aus deinen Augen, und ich war gebannt (Hoheslied, 4,9).

SIE: Komm, mein Geliebter, betritt diesen Garten. Komm doch und iss seine köstliche Frucht (4,16).

Am auffälligsten ist das große Liebespaar links, unendlich lang, hineinragend in die Chuppa, den Hochzeitsbaldachin, der von zwei Schwebenden gestützt wird. Ebenso auffällig der weiß und gelb geflügelte Engel mit Leuchter, der liebevoll auf das miteinander kosende Paar am rechten unteren Bildrand – immer ist es dasselbe Paar des Hohenliedes – herabschaut. Und aus dem roten Kreis dieses Engels wächst ein weiterer mit Posaune heraus, der unter einem ihm zufliegenden weißen Vogel seine Botschaft voller Hingabe hinausbläst: Chagall, der Engel, die Liebe, die Musik ...

Rechts oben vollführt ein junger Mann auf einem Vogel einen Handstand (ist es wieder das Liebespaar, anders verschlüsselt?). Ist auch der rote Engel mit dem Vogel ein Symbol für das Liebespaar? Ebenso der gekrönte Esel mit der Frau unter dem Blütenbaum unten rechts? Zumindest entspricht der weißblaue Baum über der sich bergenden Frau dem weißblauen Blumenstrauß der rothaarigen Geliebten links.

Im Zentrum aber ist die Welt auf den Kopf gestellt: oben Jerusalem mit seinen Mauern, darunter kopfüber – für Chagall ist dergleichen kein Problem – mit der gelben Kirche das heimatliche Witebsk des Malers, ebenso ein wandernder Jude, ein Esel, ein Baum. Und ganz links unten taucht noch einmal das Liebespaar auf – immer sind die Liebenden zugleich Engel –, darüber eine fröhliche Gruppe und der Künstler an seiner Staffelei.

Alles in einem kraftvollen Rot, für Chagall die Farbe der Liebe, ein Rot von einer Leuchtkraft, einer sanften Glut, wie sie das Rot der Natur nicht aufweist. Alle fünf Bilder Chagalls zum Hohenlied sind in dies magische Rot getaucht, dem der Meister sich nicht zu entziehen vermochte.

Es ist ein mystisches Bild, in dem die Liebe zu Gott in der menschlichen Liebe aufgeht. Und Gottes Engel sind dabei allgegenwärtig. Der Triumph der Liebe berührte Chagall in der Bibel am stärksten.

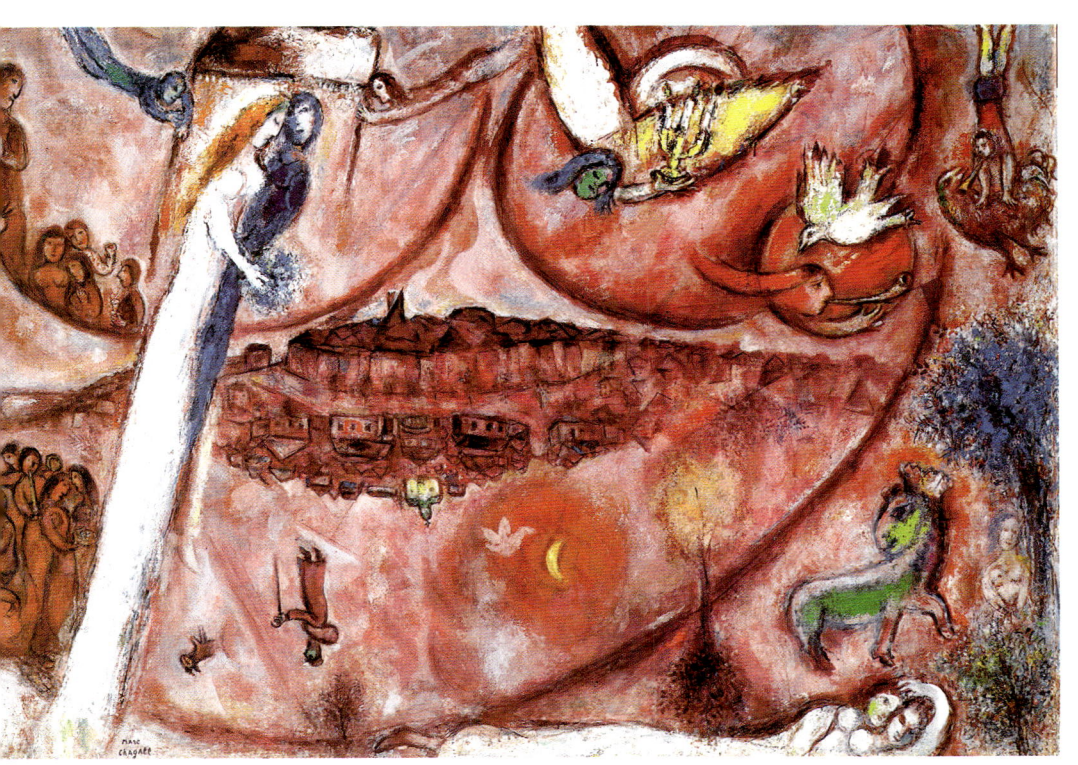

Marc Chagall: Das Hohelied der Liebe. Öl auf Papier.
Musée National Message Biblique, Nizza.

Marc Chagall: Dein Wort ist meines Fußes Leuchte.
Glasmalerei 1978. Nördliches Chorfenster der Kirche St. Stephan, Mainz. Ausschnitt.

Der Engel, die Menorah und der lesende Jude

In der Stephanskirche in Mainz malte der neunzigjährige Chagall ein Glasfenster, das in einer Einzelszene zu dem Wort aus Psalm 119,105 ›Dein Wort ist meines Fußes Leuchte und ein Licht auf meinem Wege‹ gestaltet ist.

Sofort fällt ins Auge: Marc Chagall hat diese Szene – im Psalmtext ist keine Rede davon – mit einem Engel verbunden. Machtvoll schwebt dieser – Körper und Flügel leuchtend gelb – von links oben herein. In seinen Händen hält er ein geöffnetes weißes Buch. Unterhalb des Engels eine ebenfalls gelbe Menorah mit Kerzen, deren Flammen weiß brennen, das ›Licht‹ des Psalmwortes. Ganz unten links aber, wiederum mit einem weißen Buch – es ist die Tora – in der Hand, ein versonnen lesender Jude in rotem Gewand.

Die beiden Bücher entsprechen einander. Sie sind das ›Wort‹ des Psalmenverses. Sowohl der Engel als auch der Jude lesen diesen Weisheitspsalm, der vom Gesetz Gottes redet:

> *Öffne mir die Augen, dass ich sehe die Wunder an deinem Gesetz*
> *(119,18).*
> *Ehe ich gedemütigt wurde, irrte ich. Nun aber halte ich dein Wort*
> *(119,67).*
> *Dein Wort macht mich klug. Darum hasse ich alle falschen Wege*
> *(119,104).*
> *Dein Wort ist nichts als Wahrheit. Alle Ordnungen deiner Gerechtig-*
> *keit währen ewiglich (119,160).*

Er liest, der Jude unten. Er sinnt nach über das Gesetz des Herrn, die Tora, so wie Psalm 1,2 es ausdrückt: »Wohl dem, der Freude findet an den Weisungen des Herrn, der Tag und Nacht in seinem Gesetz liest und darüber nachdenkt.«

Über Gottes Wort nachzusinnen, ist das Wesen des Judentums.

Das Bild aber ist eine Farbsinfonie: Wunderbar kontrastiert das Gelb von Engel und Leuchter dem Blau und Weiß des Untergrundes, aber auch dem tiefen Rot im Gewand des Juden. Im Weiß indes – es ist auch in den Gesichtern und Händen – fließen alle Farben zusammen. Das Weiß ist die Farbe der Unschuld und Reinheit, des ungebrochenen Lichtes, der absoluten Wahrheit. Es ist die zentrale Farbe dieses Glasbildes.

Chagalls Beziehung zu seinen Bildern während ihrer Entstehung darf als mystisch, jenseits aller Rationalität, kontemplativ, in tiefster Einheit mit dem Objekt bezeichnet werden. Alles ist da. Alles verdichtet sich an jeder Stelle zu einem lebensvollen Kunstwerk. Und dass Chagalls Phantasie mit dem Engel über Psalm 119,105 hinausgeht, ist nur ein Beleg dafür, dass er weiß: Gottes Engel sind, genannt oder ungenannt, überall in der Bibel gegenwärtig.

›Dein Wort ist eine Leuchte für mein Leben und gibt mir Licht für meinen nächsten Schritt‹, so eine andere Übersetzung unseres Psalmwortes. Die Tora wird dem frommen Juden seinen Lebensweg, den er mit Gott geht, licht machen. Und der Engel mit der Tora, ein Motiv, das sich bei Chagall auch andernorts findet (vgl. S. 31, S. 44), ist als göttlicher Bote über ihm.

Neues Testament

Der Engel des Matthäus

Matthäus, in der Folge des Neuen Testamentes der erste, historisch gesehen (um 80 schreibend) der zweite der Evangelisten, ist ein hellenistischer Judenchrist, der einerseits dem jüdischen Gesetz verpflichtet ist, andererseits um dessen Überwindung durch die Liebe Gottes weiß. Sein Symbol ist von alters her der geflügelte Mensch, der Engel.

Auf unserer Miniatur, einer zart schwingenden, farblich delikaten Komposition, sehen wir einen dreifach gestuften Hintergrund: unten die sich aufwölbende grüne Wolke mit dem Evangelisten auf seinem Sockelsitz, oben zunächst eine zartrosa, dann eine zartblaue Schattierung mit dem Engel.

Blau ist das Gewand des Engels, weiß, grau und schwarz sind die weit ausschwingenden Flügel. Mit beiden Händen hält dieser Engel das Buch, das göttliche Wort, aus dem heraus er den Evangelisten inspiriert, ihm die Geisteskraft dieses Wortes unmittelbar zukommen lässt. Die grüne Wolke mit den ausgefransten Rändern – Grün ist die Farbe der Hoffnung – ist dabei nicht Trennung, sondern Verbindung. Denn Matthäus ist mit seinem aufwärts gerissenen Kopf, mit dem fragend offenen, empfangsbereiten Gesicht, die rechte Hand mit der Schreibfeder erhoben, in größter Nähe zu dem göttlichen Boten über ihm. Der Heilige Geist hat ihn ergriffen. Er ist Werkzeug des göttlichen Willens. Gleich wird er schreiben. Die bewegt vorspringende Schriftrolle in seiner Linken scheint ihn geradezu dazu aufzufordern.

Beide Gestalten dieses Bildes stehen selbständig für sich und sind dennoch in einem tiefen inneren Dialog nachhaltig aufeinander bezogen. Das hat der Mönchsmaler spannungsvoll gestaltet.

Wichtig ist die Zuschrift, die in den beiden Purpurstreifen oben und unten das Ganze klar begrenzt und deren Hexameter lautet:

HOC MATTHEUS AGENS/HOMINEM
GENERALITER IMPLET
Mit dem, was er hier schreibt, erfüllt Matthäus
das Wesen des Menschen

Ein Bild, wie es Spätere nicht mehr zu malen vermochten. Ein Bild, das die inspiratorische Kraft des Engels, des Geistboten, gleicherweise wie die entgegnende Kraft des Aufnehmenden, des Evangelisten, in unvergleichlicher Weise zum Ausdruck bringt.

*Der Evangelist Matthäus. Evangeliar Kaiser Lothars aus der Abtei St. Martin in Tours.
Um 850. Bibliothèque Nationale de France, Paris.*

Engel der Geburtsgeschichten

Der Engel der Verkündigung an Maria

Grünewald ist ein ekstatischer Visionär. Alles bei ihm ist dynamische Bewegung. Mit Urgewalt bricht der Engel herein. Kaum berührt sein Fuß den Boden. Seine Gewänder, seine Flügel scheinen zu rauschen. Das Ende seines Umhangs züngelt hervor, ebenso wie die weisende Hand. Verkündigung als Urereignis.

Maria – keine Schönheit, ein Bauernmädchen –, aber mit wundervoll fließendem Blondhaar, weicht zurück, verschlingt die Finger ineinander. Doch das sind keine fromm gefalteten Hände. Sie ist zutiefst erschrocken. Leid steht ihr bevor. Sie will nicht hinschauen, nicht ansehen. Und doch: Die Blicke treffen sich. Maria weiß, sie kann nicht ›nein‹ sagen. Denn im Buch auf der Truhe vor ihr steht es, geweissagt von Jesaja: ›Ecce virgo concipiet et pariet filium et vocabitur nomen eius Emanuel‹ – ›Siehe, eine junge Frau wird empfangen und einen Sohn hervorbringen. Und sein Name wird gerufen: Immanuel!‹ Gleich zweimal ist das zu lesen.

Der Raum, ein gotischer Kirchenraum, aber ist ganz still. Ein roter Vorhang vorn, ein blauer hinten verkleinern ihn, schaffen für Maria eine wohnliche Sonderzone. Geheimnisvoll aber, über allem schwebend – man muss sie erst entdecken –, die Taube, Symbol des gegenwärtigen Geistes von Gott.

Die Jungfrauengeburt ist immer wieder befragt worden. »*Jedes* Kind kommt aus dem Geiste Gottes«, sagt Jörg Zink. Und wenn auch im Credo heute noch Sonntag für Sonntag bekannt wird ›geboren von der Jungfrau Maria‹, so deutet die Gegenwart hier, jedenfalls z.T., doch anders. Der jüdische Theologe Pinchas Lapide meint, Lukas habe die Jungfrauengeburt seinem Evangelium ganz unnötig eingefügt. Sie sei sozusagen ein Luxuswunder. Schärfer noch formuliert Kurt Marti in seinem großen Marien-Gedicht: »... und sie (maria) glaubte an eine verwechslung, als sie – die vielfache mutter – zur jungfrau hochgelobt wurde.« Jesus, der Christus, kam in unvergleichlicher Weise aus dem Geiste Gottes. Aber warum sollte er nicht auch einen irdischen Vater gehabt haben? Schon Paulus spricht in Galater 4,4 von der Geburt Jesu aus einer Frau – hier offensichtlich eine Frau, die mit einem Mann zusammen war. Nachdenklich macht auch, dass Jesus im Neuen Testament an anderen Stellen ganz unbefangen ›Sohn Josefs‹ und Josef ›sein Vater‹ genannt wird Der Sohn der Maria hatte einen irdischen Vater.

Mathis Gothart Nithart (Matthias Grünewald): Verkündigung an Maria.
Isenheimer Altar 1513–1515. Linker Flügel der zweiten Schauseite.
Musée d'Unterlinden, Colmar.

Meister Francke (1380–1430): Geburt Christi.
Einzeltafel aus dem Englandfahrer-Altar, 1420–1424. Kunsthalle Hamburg.

Und die Mutter Maria hörte den Gesang der Engel

Der in ihrer Zeit berühmten Mystikerin und Ordensstifterin Birgitta von Schweden (1303–1373), die dem schwedischen Königshaus entstammte, widerfuhr im Jahr 1372 in der Geburtsgrotte von Bethlehem eine Vision, die sie in einem Bericht festhielt. Darin heißt es u. a.: »Und Maria gebar ihren Sohn, von welchem ein unsagbarer Glanz ausstrahlte, so dass die Sonne damit nicht zu vergleichen war. Und als sie fühlte, dass sie das Kind geboren hatte, betete sie es sogleich an, neigte ihr Haupt, faltete die Hände und sagte in großer Ehrfurcht und Ehrerbietung zu ihm: ›Sei willkommen, mein Herr und mein Gott.‹«

Das sehen wir vor uns: Im verschlungenen Schriftband, das vom Mund der Maria ausgeht, steht es in lateinischen Worten geschrieben: ›Dominus meus – Deus meus‹.

Meister Francke, der hochangesehene Hamburger Maler, hat gleich vielen anderen Malern seiner Zeit zwischen 1420 und 1424 eine Geburt Christi ganz aus dem Geist der Birgitta gemalt. Maria betet ihr nacktes Kind, das in einem Strahlenbündel zu schweben scheint, kniend an. Sie trägt ein weißes Kleid. Golden fließt ihr Haar herab. Von ihrem Kopf gehen weiße Strahlen aus.

Drei Engel im Kreis halten Marias blau-grünes Obergewand. Es ist herabgesunken, bildet so etwas wie einen Schutzraum für Mutter und Kind. Der Engel vorn schaut den nackten Säugling an. Sein roter Flügel überfängt das Kind wie ein behütender Fächer. Ochs und Esel an der Seite blicken über ihrer gefüllten Krippe, gleichsam wissend, ebenfalls zum Kind.

Ein zartes, lyrisches Bild. Einmalig die liebliche parkartige Landschaft – rechts oben die Hirtenverkündigung mit Engel. Der Felsboden um Maria ist aufgerissen: Sie gebar in der Grotte.

Der Himmel über allem ist ein Ornament, ein goldbestirnter roter Fond, aus dem heraus Gottvater in einem Kreis lebendig gestalteter Wolken durch segnend erhobene Hände und die herabgesandten Strahlen die Verbindung zum Kind herstellt.

Dies Kind, der soeben geborene Erlöser, ist der neue Lichtbrennpunkt, die nova lux, das ›eine Licht der Welt‹ (Augustinus).

Die drei Engel indes sind Maria in hingebungsvoller Dienstbereitschaft nahe. Und die Mutter des Lichtkindes hört ihren Gesang, nach Birgitta ein Lied von wunderbarer Sanftheit und großer Süßigkeit.

*Verkündigung an die Hirten. Perikopenbuch Kaiser Heinricns II.
Reichenauer Buchmalerei 1002–1012. Bayerische Staatsbibliothek, München.*

Engelbotschaft an die Hirten

Jedermann kennt das Evangelium des Lukas von dem Engel Gottes, der den Hirten auf den Weiden in Bethlehem im Dunkel der Nacht lichtherrlich entgegentritt, ihnen die Geburt des Weltenheilands als Krippenkind anzukündigen.

Der Meister unseres Bildes aus dem Perikopenbuch Kaiser Heinrichs II. (1002–1022), das dieser wohl im Kloster Mittelzell der fruchtbaren und heiteren Bodenseeinsel Reichenau in Auftrag gab, bleibt anonym. Was er malt, ist indes dem Kulturerbe der Menschheit zuzuzählen.

Was sehen wir? Mit herrscherlicher Geste neigt sich der Engel dem großen Hirten rechts zu. Der hebt, sich rückwärts wendend, die Rechte nach oben. Engelshand und Hirtenhand sind einander in einem intensiven Spannungsbogen verbunden. Ebenso treffen sich beide Augenpaare, die weit offenen Augen des Engelriesen in ihrer dunklen Glut und die gläubig-ergriffenen des Hirten. Tief nimmt dieser die Botschaft in sich auf.

Leicht berühren die Füße des Engels, dessen weit ausfahrende Flügel gleich den schwingenden Enden des gelben Obergewandes das Wehen des Heiligen Geistes symbolisieren, die grünen Schollen des Weidelandes. In diesen Schollen sitzen zwei kleinere Hirten, die ebenfalls gläubig hörend zum Engel aufschauen. Unten weiden vier Schafe. Ein fünftes neigt in den Schollen seinen Kopf, als sei auch die Kreatur von der Heilsbotschaft betroffen.

All das auf Goldgrund. Gold ist die Farbe Gottes, ebenso das Rosa jenseitiger Welt, in das der Engel oben emporragt. Das Gold als Gnadenlicht hat einen geheimnisvollen Eigenwert. Seine Nachbarfarben steigernd, besitzt es eine transzendierende Wirkung, der sich niemand entziehen kann.

Der Engel aber gehört zu dem Großartigsten, das die christliche Ikonographie hervorgebracht hat. Wir haben hier die machtvollste Hirtenverkündigung der Buchmalerei vor Augen, eine monumentale Komposition, ein Farbenspiel – Grau, Gelb, Rot, Grün, Gold, Rosa – von schwingender Schönheit, wie Musik. Gab es je einen solchen Engel?

Reichenau um die erste Jahrtausendwende, das heißt Buchmalerei in höchster Vollendung, entstanden in einem lebendigen, reichen Klosterleben voll religiöser Ergriffenheit und der Fähigkeit, solcher Glaubenshaltung in einer spirituellen Bildwelt unvergleichlich Ausdruck zu geben.

Der Engel in Josefs Traum

»Träume sind Botschaften in der Sprache der Seele. Träume sind eine vergessene Sprache Gottes unter uns. Träume rufen uns zur Umkehr, zum Umdenken, zum Aufbruch, zu einer bestimmten Tat, zu einem Wort, das wir sprechen sollen« (Jörg Zink).

So auch Josef. Ein Traum hat ihn umfangen. Gott ist ihm nahe. Matthäus 1,18-21 lesen wir: »Maria war mit Josef verlobt. Doch bevor die beiden ehelichen Verkehr miteinander hatten, stellte es sich heraus, dass Maria durch die Wirkung des heiligen Geistes ein Kind erwartete. Josef, rechtlich gesinnt, wollte sie nicht bloßstellen, dachte indes daran, sich im Stillen von ihr zu trennen. Da aber erschien ihm im Traum ein Engel des Herrn, der sagte: ›Josef, du Nachkomme Davids, scheue dich nicht, Maria, deine Frau, zu dir zu nehmen. Denn das Kind, das sie erwartet, kommt vom Geiste Gottes. Sie wird einen Sohn gebären, den sollst du Jesus nennen – Jesus: Gott rettet –, denn retten wird Gott sein Volk!‹«

In der Miniatur des Egbert-Codex sehen wir den träumenden Josef, wie er, bekleidet mit violettem Gewand, das seine Körperformen hervortreten lässt, lang ausgestreckt auf dem großen bildbeherrschenden Pfostenbett mit grünem, goldgestreiftem Ober- und rotem gepunktetem Unterpolster liegt. Die Linke des Schlafenden ist verhüllt, die Rechte liegt entspannt auf dem Knie. Das Bett steht im Freien vor dem offenen Tor eines Gebäudes mit rotem Dach und seitlichen Rundbogenfenstern. Dieses Haus soll offensichtlich Bethlehem symbolisieren.

In der Zone über Josef aber der Engel in Halbfigur mit Goldnimbus und langem Kreuz-Botenstab. Gebieterisch zeigt dieser Gesandte Gottes ebenso auf den eingeschriebenen Namen ›Joseph‹ wie auf den Kopf des abgewandt Schlafenden. Dessen Gesicht mit den geschlossenen Augen ist voller Konzentration nach innen. Er sieht im Traum und hört zugleich.

Eine lapidare Komposition. Und dennoch atmet alles in der Zartheit der ineinander verschwimmenden Hintergrundfarben Grün (oben) und Ocker (unten) ein Geheimnis, das diese Szene ganz in die Jenseitigkeit eines Traumes versetzt.

Erwacht, folgt Josef der Traumweisung des Engels. Er ist zum Umdenken, zur Umkehr bereit. Matthäus 1,24 f. heißt es: Er verlässt Maria nicht. Er nimmt sie zu sich. Er bleibt ihr bewahrender Beschützer bis zur Geburt des Sohnes. Er hat erfahren, dass ein Traum etwas richtungweisend Neues vermitteln kann, über das man vorher nicht verfügte.

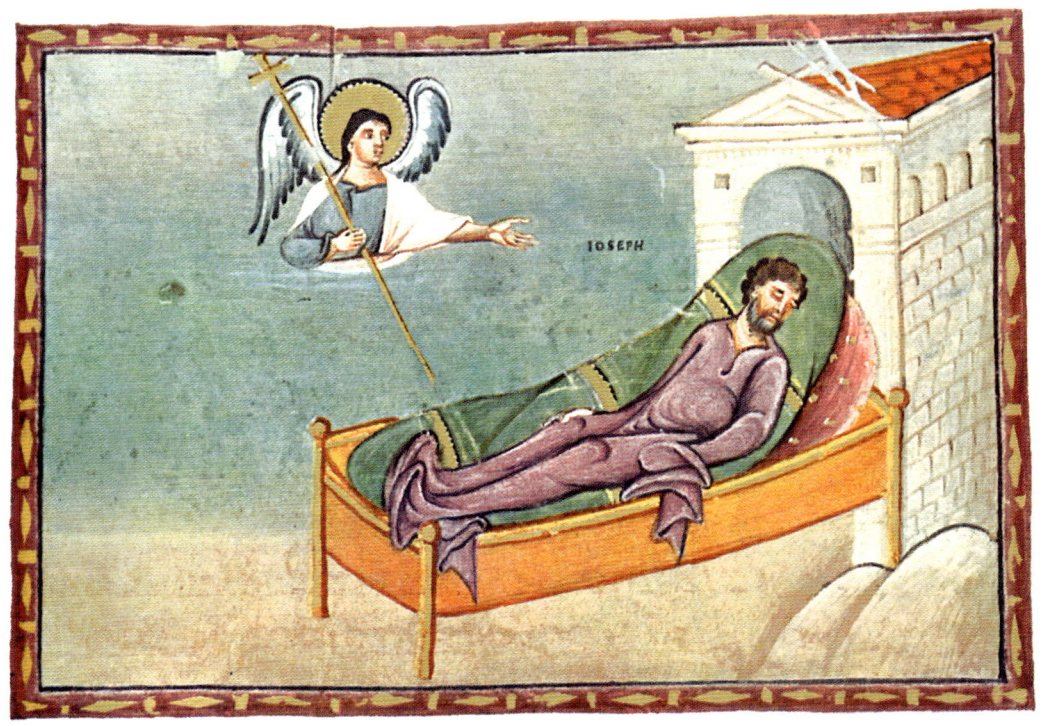

Der Engel in Josefs Traum. Egbert Codex.
Buchmalerei der Reichenau um 980. Stadtbibliothek Trier.

Mögen deine Engel uns in unserem Schlummer
wahre Traumbilder zeigen,
o hoher Fürst des Weltalls,
großer, geheimnisvoller König.
Altirisch-keltisches Abendgebet

Engel in Jesusgeschichten

Engel bei der Taufe

Das Neue Testament erwähnt keine Engel bei der Taufe des Christus Jesus. Doch haben schon die frühen Maler bei dieser Symbolhandlung, in der nach den Erzählungen von Markus, Matthäus, Lukas und Johannes Gott sich seinem Sohn offenbarte, immer wieder Engel dargestellt. Offensichtlich schien ihnen das aus dem Geist der Texte heraus geboten.

Unser Bild aus dem Egbert-Codex ist der Perikope Johannes 1,32-34 zugeordnet. Dort wird eine Taufhandlung nicht erwähnt, und Jesus wird nicht wie bei den anderen Evangelisten von der göttlichen Stimme als Gottessohn bezeugt, sondern von Johannes. So lesen wir bei diesem Evangelisten: »Ich sah den Geist herabkommen wie eine Taube aus dem Himmel. Und er blieb auf ihm. Vorher kannte ich ihn nicht. Aber der mich schickte, mit Wasser zu taufen, der sprach zu mir: ›Auf wen du den Geist niedersteigen und auf ihm bleiben siehst, der ist es, der mit dem heiligen Geist tauft.‹

Ja, das habe ich gesehen«, sagt Johannes, »und ich bezeuge es: Er ist der Sohn Gottes!«

Das Bild legt den Akzent ganz auf die Theophanie, die wirkmächtige Erscheinung Gottes. Es ist ein Christus-Bild, weit entfernt von der realen Taufe Jesu durch Johannes im Jordan, die ja historisch ist. Es ist ein Glaubens-, ein Bekenntnisbild.

Was sehen wir? Christus, relativ klein, steht, nur mit einem Lendenschurz bekleidet, mitten in der halbkreisförmig aufschäumenden durchsichtigen Woge des Flusses, der unten noch einmal wie ein gedrehtes Band erscheint. Der Blick des Täuflings geht zu den beiden großen blaugeflügelten Engeln rechts, die mit bedeckten Händen dienend sein Obergewand tragen. Von links hält der bärtige Täufer in violettem Gewand die Rechte segnend über das Haupt Christi. Umgeben von sieben Strahlen stößt die Taube aus dem Jenseitsbereich oben herab. Auch sie ist gleich den vier anderen Figuren mit einem Nimbus geschmückt, so dass die fünf Nimben im Bild so etwas wie einen magischen Gottes-Kreis bilden.

Zart getönt und farblich abgestuft, wie immer im Egbert-Codex, der Hintergrund. Die Inschrift lautet links ›Johannes‹, in der Mitte abgekürzt ›Jesus Christus‹ und rechts ›Angeli‹ = Engel.

Ganz geschlossen ist die Komposition. Als die früheste Taufdarstellung in der deutschen Kunstgeschichte redet das Bild, nicht zuletzt in den sich begegnenden Augenpaaren, höchst eindringlich zum Betrachter. Alles ist auf das eine konzentriert: Der Christus, mit der Taube zusammen Mitte des Bildes, macht die Gegenwart Gottes unabweisbar. Die Engel als bildnerischer Gegenpol zum Täufer Johannes lassen sich nicht fortdenken. Sie haben Gott im Gesicht. Dienen, das ist ihre Funktion.

Engel bei der Taufe Christi. Egbert Codex.
Buchmalerei der Reichenau um 980. Stadtbibliothek Trier.

»Und alsbald trieb ihn der Geist in die Wüste; und er war dort 40 Tage und ward versucht von dem Satan und war bei den Tieren, und die Engel dienten ihm«, heißt es in Markus 1,12-13.

Matthäus erzählt ausführlicher. Bei ihm wird Jesus, da ihn nach 40 Tagen Fasten in der Wüste hungert, vom Versucher zunächst aufgefordert, sich aus Steinen Brot zu machen - Jesus wehrt ab -, dann mit der Aufforderung: ›Wirf dich hinab, Gottes Engel werden dich schon tragen‹, auf die Zinne des Tempels in Jerusalem gestellt - Jesus wehrt erneut ab. Dann heißt es weiter: »Wiederum führte ihn der Versucher auf einen sehr hohen Berg und zeigte ihm alle Reiche der Welt und ihre Herrlichkeit und sprach zu ihm: ›Dies alles will ich dir geben, wenn du niederfällst und mich anbetest!‹ Jesus aber sprach zu ihm: ›Hebe dich hinweg von mir, Satan, denn es steht geschrieben: Du sollst anbeten Gott, deinen Herrn, und ihm allein dienen!‹ Da verließ ihn der Teufel. Und siehe, da traten die Engel zu ihm und dienten ihm« (nach Matthäus 4,1-11).

Diese Szene hat Duccio di Buoninsegna (um 1255-1319) für die Predella seines Hauptwerks, des Altars der ›Maesta‹ in Siena, ausgewählt. Es ist die kunstgeschichtlich wohl bekannteste Darstellung der Versuchung. Duccio hat den Text kongenial gestaltet. Die Reiche der Welt sind zwischen Felsenbergen in sieben mauerbewehrten Städten gegenwärtig. Der Versucher, ein finsterer, schwarzer Dämon mit hässlichem Antlitz, Fledermausflügeln und vogelkralligen Füßen, weist auf eine dieser Städte. Jesus, der Christus, in Rot und Blau, barfuß auf festem Felsen stehend, wehrt ihn mit majestätischer Geste ab: »Hinweg mit dir! Deiner Versuchung werde ich niemals erliegen!« Und so ist er auch - vom Körper her - bereits den beiden schönen Engeln hinter ihm, die zu jeglichem Dienst bereit sind, zugewandt.

Der Mensch hat den Feind in sich, den Versucher, den seit der Schöpfung gefallenen dunklen Engel Gottes. Auch Jesus hat ihn in sich. Aber er ringt ihn nieder. Die Versuchungsgeschichte des Matthäus lässt das ins Bild kommen. Der Dunkle kann nicht der Bote Gottes sein, denn er verlangt Widergöttliches: durch Magie aus Steinen Brot machen, um sich zu sättigen; das Eingreifen Gottes provozieren: ›Seine Engel werden dich schon tragen, wenn du springst!‹ und das Äußerste: angesichts einer möglichen Weltherrschaft kniefällige Anbetung der Macht der Finsternis! Hier widersetzt sich Jesus mit äußerster Entschiedenheit. Und der Versucher muss klein beigeben. Und Jesus wird gestärkt durch die reinen, die hellen, die heiligen Engel Gottes.

Duccio di Buoninsegna: Die Versuchung Jesu mit den Engeln. 1308.
Tempera auf Holz. The Frick Collection, New York.

Die Engel des armen Lazarus

Bei Lukas im 16. Kapitel (V.19-31) lesen wir vom reichen Mann, der alle Tage in großem Luxus lebte, aber auf den von Geschwüren bedeckten armen Mann vor seiner Tür, der nur nach den Brotkrumen verlangte, nicht achtete. »Es begab sich aber, dass der Arme starb und von Engeln hinaufgetragen wurde in den Schoß Abrahams« (V.22). Der Reiche aber starb auch und kam nach seinem Tod in die Qual der höllischen Flammen. Und nach oben aufblickend, rief er zu Abraham um ein wenig Wasser, seine Zunge zu kühlen. Doch Abraham verwies auf die unüberwindlich große Kluft, die zwischen dem himmlischen und dem höllischen Ort sich auftut (nach V.23-26).

Das Goldene Evangeliar von Echternach, um 1030 entstanden, bringt dies Szenarium in ein dreifach gestuftes Bild:

Oberer Streifen: Der Reiche in rotem Gewand, neben ihm seine Frau und ein Gast, lässt sich köstliche Speise auftragen, während der Arme mit bittender Gebärde vor der Tür des Hauses hockt. Hunde lecken seine Geschwüre (V.21).

Mittlerer Streifen: Links empfangen zwei Engel, aus einer dreifach farbigen Rotunde der himmlischen Sphären hervorkommend, die dem Munde des sterbenden Lazarus als kleiner Mensch entweichende Seele. Zur Rechten hält Abraham im Paradies (Bäume!, ein Fluss!) auf einem Sitz aus farbigen Kreisbögen die Seele des Lazarus liebevoll im Schoß. Andere Selige reihen sich beiderseits eng gedrängt und anbetend.

Unterer Streifen: Links entreißen zwei kopfgeflügelte schwarze Teufel dem verstorbenen Reichen – Frau und Angehörige betrauern ihn auf seinem großen Totenbett – die Seele. Ein ebenfalls geflügelter Teufelsgehilfe schafft diese Seele ins höllische Flammenreich, wo vier andere Teufel mit Krallenhänden und bleckenden Feuermäulern das neue Opfer bereits erwarten. Der riesige Fürst der Hölle aber, so die alte Vorstellung, liegt mit dicken Stricken gefesselt am Höllengrund. Auf seinem Schenkel hebt der Reiche in der Qual flehend die Hände hinauf zu Abraham. Andere der höllischen Flamme Verfallene wenden sich ihm dabei in gleicher Hoffnung auf Labsal zu.

Wir Heutigen wenden uns ab von solchen Bildern. Sie prägten das Mittelalter. Für uns aber sind Flammenabgrund mit wüsten Teufelsgestalten ebenso vergangen wie die Vorstellung von der Seele in Menschengestalt. Was bleibt, sind die Engel, die hilfreich zur Stelle sind, als der im Diesseits geplagte Mensch stirbt. Und was den reichen Mann angeht, so ist die Dringlichkeit, sich im Leben richtig zu verhalten, anschaulich vor Augen.

Reicher Mann und armer Lazarus. Goldenes Evangelienbuch von Echternach um 1030.
Germanisches Nationalmuseum, Nürnberg.

Der Engel bei der Heilung am Teich Betesda

Jesus kommt nach Jerusalem. Er kommt zum Schafteich, hebräisch Betesda = ›Haus des Erbarmens‹. Fünf offene Hallen sind hier. Darin liegen Blinde, Lahme, Verkrüppelte, die die Bewegung des Wassers abwarten. Denn ein Engel des Herrn steigt von Zeit zu Zeit in den Teich herab und bringt das Wasser in Wallung. Wer dann als Erster hineinkommt, wird gesund.

Und Jesus sieht einen Gelähmten, der dort schon 38 Jahre lang liegt. Er spricht zu ihm: »Willst du gesund werden?« Der aber sagt: »Ich komme nicht ins Wasser, wenn es aufwallt. Immer ist ein anderer vor mir da. Ich kann mich ja nicht bewegen.«

Der Engel bei der Heilung am Teich Betesda.
Egbert Codex. Buchmalerei der Reichenau um 980. Stadtbibliothek Trier.

Jesus sieht ihn an: »Steh auf, nimm deine Matte und geh!« Da geschieht es: Er kann sich bewegen. Er kann aufstehen. Er kann gehen. Übergroß ist seine Freude (nach Johannes 5,1-9).

Die Geschichte erwähnt den Engel ausdrücklich als den, der das Wasserwunder vorbereitet. Doch der Gelähmte vor Jesus bedarf dieses Wunders nicht. Und so trennt der Reichenauer Maler unseres Bildes feinsinnig das Engelswunder (oben rechts) vom Heilungswunder Jesu (Bildstreifen unten). Jesus heilt durch sein ›Wort‹, dargestellt durch die ausgestreckte Rechte und das Buch in seiner verhüllten Linken. Vor Jesus der Lahme – ein halbnackter alter Mann, der auf seinem großen Polsterbett bittend die Hand ausstreckt. Hinter Jesus die Jünger, Petrus mit vor Verwunderung ausgebreiteten Händen voran, zwei weitere Jünger links in den Bildrand gedrängt. Die abgekürzten Schriftzeilen lauten jeweils ›apostoli‹, ›Jesus Christus‹ und oben ›piscina‹ = Wasserbecken.

Doch wenn die beiden Szenen auch optisch voneinander abgehoben sind, wenn Jesus auch gegen die mythische Vorstellung von einem im Wasser rührenden Engel allein durch das Wort heilt, so gibt es doch Verbindungen zwischen beiden Szenen: zum einen durch den Nimbus, die göttliche Sonne von Ostern, den der Engel ebenso trägt wie Jesus, der Christus. Zum andern durch den Glauben der Kranken: Der nackte Mensch oben, der ins Wasser gehoben wird, hofft ebenso auf Heilung wie der Kranke auf seiner Matte. Zum dritten handelt Jesus, der Christus, wie ein Engel Gottes. Er *ist* ein Engel Gottes. Das zugesprochene schöpferische Wort an den bettlägerigen Kranken kommt von Gott, so wie das Aufrühren des Wassers durch den Engel gottgeleitet ist. Christus und der Engel sind eins. Sie sind Boten des Höchsten, dessen, der jegliche wunderbare Heilung ermöglicht. Die Magie des engelbewegten Wassers kann somit ebenso wirksam sein wie das gottgezeugte Heilungswort. Menschen glaubten immer daran, dass Gesundung, Heilung von Gott kommt, sei es durch das Wasser, sei es durch das Wort.

Passion und Engel

GETHSEMANE – DER TRÖSTENDE ENGEL

Christian Rohlfs (1849–1938), der um 1910 teilweise in Zusammenarbeit mit Emil Nolde eine eigene Form des Expressionismus entwickelte, versucht in seinen während des 1. Weltkrieges entstandenen, primär religiösen Themen gewidmeten Bildern seelische Erlebnisse so unmittelbar wie möglich auszudrücken. Unser Bild ist ein Beispiel dafür.

Der Text zu diesem Bild findet sich bei Lukas 22,39-46: Jesus geht mit seinen Jüngern hinaus zum Ölberg. Und als sie dort sind, spricht er zu ihnen: »Betet, dass ihr nicht in Versuchung kommt!« Dann lässt er sie zurück, wirft sich nieder und schreit zu Gott: »Lass doch den Kelch des Leidens an mir vorübergehen! – Aber nicht wie ich will, sondern wie du willst.« Und es geschieht: Ein Engel Gottes ist bei ihm und stärkt ihn. Doch die Todesangst ist zu groß, und Jesus schreit und betet und betet. Danach aber steht er, wiederum gestärkt, auf und kommt zu den Jüngern zurück. Die aber sind eingeschlafen.

Das Bild wird beherrscht von der machtvollen Gestalt des Engels mit den riesigen weißen Flügeln, von denen der linke hinter dem Betenden so etwas wie eine Schutzwand bildet. Zugleich liegt die linke Hand des Engels auf dem Kopf Jesu, der hier als ganz einfacher Mensch dargestellt ist. Die Geste ist liebevoll. Der Engel mit dem freundlich-ernsten Antlitz ist der Gütige, der Tröstende, der Stärkende. Das Gelb seines Gewandes und das Weiß seiner Flügel – in der Düsternis der Nacht von Gethsemane hell und strahlend – wirken schwerelos, ja immateriell. ›Licht ist das Kleid, das du anhast‹ (Psalm 104,2). Dennoch: Das Gesicht des kniend Betenden ist gramzerfurcht. Er starrt ins Leere, scheint die Hand des Engels nicht zu spüren. Furcht und Zittern haben ihn befallen. Er ist betrübt bis in den Tod. Doch gleich wird er gestärkt sein, sich aufraffen, zu den Jüngern gehen und sie wachrütteln: »Was schlaft ihr?« (V. 46).

Die Farbe ist starkes Ausdrucksmittel in diesem Bild: Weiß und Gelb gegen das dunkle Blau des Verzagten. Der religiöse Expressionist Rohlfs nimmt uns hinein in eine Situation, die uns selbst nicht fremd ist: tiefstes Verzagtsein hier, aber dann plötzlich eine Wendung zum Guten: Ruhe, Gelassenheit und Stille – ein Engel!

Christian Rohlfs: Gethsemane. 1917. Tempera auf Leinwand. Privatbesitz.

Kreuzigung mit Engeln

Engel sind bei der Kreuzigung Jesu zugegen. So jedenfalls sieht es der priesterliche Maler dieses spanischen Bildes zum Apokalypsenkommentar des Beatus von Liébana, der im 10. Jahrhundert entstand. Zwei Engel verehren mit schwingenden Weihrauchfässern, also liturgisch, das hoheitsvoll-herrscherliche Haupt Christi, das durch den Kreuz-Nimbus bereits als ganz österlich bezeichnet wird.

Beiderseits dieses Hauptes die Personifikationen von Sonne und Mond als teilhabende kosmische Symbole. Das Weltall ist in das Kreuzigungsgeschehen einbezogen.

Ein dritter Engel fliegt links im Bilde mit dem Buch des erlösenden Wortes auf den reuigen Sünder, er trägt den Namen Gestas, zu. Der andere Schächer mit Namen Limas – er verspottete Jesus – wird hingegen von einer Teufelsgestalt mit riesigem Haken bedroht. Beide Schächer werden zugleich von Gestalten unten an ihren Kreuzen, je mit einer Geißel und mit einem Knüttel, gepeinigt. So verteilt der Maler, höchst ambivalent, seine Gewichte.

Das Kreuz selbst – rechts Stephaton, der Jesus den Schwamm reicht, links Longinus, der Jesus die Seitenwunde zufügt – steht auf dem Grab Adams, der gleich einer Mumie in Leinenbinden gewickelt in einem Sarkophag mit giebelförmigem Deckel ruht. Die alte Legende besagt, Jesus habe als neuer Adam durch seinen Tod die Sünde des alten Adam getilgt.

Unten im Kreuz wächst ein Blütenwerk empor. Darüber fängt ein großer Kelch das Blut Christi auf. Die Blüten machen das Kreuz zum Lebensbaum, der Kelch erinnert an das Abendmahl, beides starke todesüberwindende Symbole.

Ein gleichsam naives, dennoch vielschichtiges Bild, ornamental gebunden, leuchtkräftig koloriert, in dem der Gekreuzigte nicht verlassen ist. Engel der göttlichen Herrlichkeit beschützen und bewahren ihn. Sie repräsentieren die Nähe Gottes. Sie entrücken ihn in die Jenseitigkeit von Ostern. Und auch dem reuigen Sünder wird die Gottesbotschaft durch einen Engel zuteil.

Beatus von Liébana: Kreuzigung mit Engeln. Apokalypsenkommentar um 975.
Kathedral-Archiv Gerona.

Totenklage mit Engeln

Nicht einmal die Totenklage der Maria ist biblisch bezeugt, viel weniger die Gegenwart von Engeln dabei. Der Maler des Rohan-Stundenbuches aber sieht um 1435 beides, ja er sieht, wie Engel den gesamten Hintergrund der Leidensszene ausfüllen.

Was sehen *wir*? Da ist Maria, die ohnmächtig vor Leid – der Jünger Johannes hält sie fest umschlungen – niedersinken will. Ihre Arme mit den feingliedrigen Händen hängen kraftlos herab. Ihr Auge sucht das Antlitz des Sohnes, der unter seinem Kreuz auf den Boden hingestreckt ist, völlig nackt, blutbefleckt, wächsern in der Farbe der Todesstarre, die Rechte in das Erdreich gekrallt. Sein Kopf mit Dornenkrone und Kreuznimbus zugleich ist nach hinten gesunken, sein Gesicht mit den geschlossenen Augen aber zeigt den im Tode erlangten Frieden. Wir sehen, wie der Jünger Johannes sich rückwärts wendet, dem Himmelsherrn rechts oben zu, eine forschende Frage im Angesicht. Wir sehen, personal dargestellt, Gottvater, weißhaarig, weißbärtig, mit trauernden Augen das Schicksal Jesu, das namenlose Leid der Maria wahrnehmend. In der Linken hält er die Weltkugel unter dem Kreuz. Die Rechte legt er an den Kopf, als wolle er fragen: Was ist das mit diesen Menschen, die meinem Sohn das antun? Hinter seinem Kopf aber der Kreuznimbus, der deutlich werden lässt: Gott weiß um das Kreuz. Er weiß aber auch um die Auferstehungssonne von Ostern.

Wir sehen: Der Himmel hinter dem Geschehen ist nicht der Himmel der Kreuzigung. Er ist nicht dunkel. Tiefblau erstrahlt das Firmament. Und es ist von Sternen und goldfarbenen Seraphim erfüllt. Engel überall, Engel, die Schauder und Schrecken abmildern. Es sind Gottes Engel. Der Himmel ist von Gott getragen. Auch wenn Leid und Tod das Bild beherrschen, die Engel zeigen es an: Es gibt Hoffnung, Hoffnung auf Christus, der den Tod überwinden, dem Leid ein Ende setzen wird.

Das ist die gute Botschaft dieses Tod- und Schmerzensbildes: Auch das größte Leid kann Linderung erfahren. Das Friedensantlitz Christi steht dafür, aber auch die leuchtenden Nimben in ihrer österlichen Verweiskraft – wie ein lichter Spannungsbogen stehen sie gegen das schlichte Holzkreuz – vermitteln Gewissheit: Der Schreckenstod ist nicht das Ende. All das in differenzierter Zeichnung der Gesichter und in fein nuancierter Farbgebung. Insgesamt verbindet unser Bild Expressivität und mystische Tiefe so vollkommen, dass es in der französischen Kunstlandschaft des 15. Jahrhunderts einzigartig dasteht. »Kein anderes mittelalterliches Passionsbild der Buchmalerei«, so der Kunsthistoriker Ingo F. Walther, »besitzt auch nur annähernd eine vergleichbare Leidensdramatik wie diese Miniatur.«

Trauer um den toten Christus. Stundenbuch des Rohan-Meisters, um 1430–1435.
Bibliothèque Nationale de France, Paris.

Österliche Engel

Die Frauen und der Engel am Grabe

Die Bamberger Apokalypse, ein glanzvolles Werk der Buchmalerei, enthält über ihre 50 Miniaturen zum Text der Offenbarung hinaus auch fünf ganzseitige Bilder zu den Hauptfesten des Kirchenjahres, darunter die drei Frauen mit dem Engel am Grab, die im Mittelalter gebräuchliche Illustration für das Osterfest. Unserem Bild liegen sowohl Passagen des Markus wie des Matthäus zugrunde: Bei Markus (16,1-8) kommen am frühen Sonntagmorgen drei Frauen mit wohlriechenden Salben, Jesus einzubalsamieren. Sie finden das Grab offen und sehen dort einen jungen Mann im weißen Gewand sitzen, der ihnen sagt, Jesus sei nicht hier, er sei auferweckt, sie sollten den Jüngern sagen, dass er ihnen nach Galiläa vorausgehe. Die Frauen erschrecken entsetzlich, laufen zum Grab hinaus – und sagen keinem etwas.

Bei Matthäus gehen nur zwei Frauen zum Grabe. Sie erleben ein Beben der Erde, sehen, wie ein Engel des Herrn den Stein vom Grabe rollt und sich daraufsetzt. Sein Gewand ist schneeweiß. Die Grabeswächter aber fallen wie tot zu Boden. Die Botschaft des Engels an die Frauen ist die gleiche wie bei Markus, nur dass diese voller Freude das Grab verlassen und den Jüngern alles erzählen (nach Matthäus 28,1-10).

Das Bild ist stärker auf die Matthäusversion der Ostergeschichte bezogen. Der Engel – mächtig rauschen seine Flügel empor – sitzt auf dem herausgeschleuderten grünen Sarkophag. Die eingeschlafenen Grabeswächter mit Helm, Schild und Spieß befinden sich auf dem First des kleinen Grabtempels mit korinthischen Säulen, Kuppel und zwei kleinen Türmen. Die drei Frauen (ihre Dreizahl nach Markus) zur Linken bilden mit ihren Kopftüchern, ihren Nimben und den Salbgefäßen eine kompositorische Einheit. Auch ihre Gesichter mit den großen Augen gleichen einander.

Die Grabesöffnung – eine große Tür führt hier ins Grab – ist zum einen gekennzeichnet durch die zentrale Hand des Engels mit dem Weisegestus, zum andern durch die schwingend-schwebenden, in sich verschlungenen Grabtücher. Der riesige barfüßige Engel mit Botenstab, in gelbem Gewand, auf dem kleine Feuerflammen, Symbole des Geistes, züngeln, scheint zu reden, so gebieterisch ist sein Gestus. Auch sein Antlitz, eingefasst von dem machtvollen Nimbus, ist ganz Botschaft: »Der Herr ist auferstanden! Er lebt! Fürchtet euch nicht!«

Das Ganze ist von großer hieratischer Strenge. 1000 Jahre sind es her, dass dieses Bild entstand. Seine Eindringlichkeit und spannungsvolle Komposition erreichten nur noch andere ottonische Maler, spätere Künstler nicht mehr. Die Vorstellung vom Rollstein vor dem Felsengrab hatte sich im Mittelalter indes noch nicht durchgesetzt.

In Geschichte und Bild ist der Engel das Wichtigste. Wer sonst hätte Aufschluss darüber geben können, warum das Grab leer ist.

Die drei Marien und der Engel am Grabe.
Bamberger Apokalypse, vor 1000. Staatsbibliothek Bamberg.

Engel mit Christus und Maria Magdalena

Maria Magdalena, so erzählt uns Johannes, steht weinend am leeren Grab. Zwei Engel fragen: »Was weinst du, Frau?« Sie sagt: »Man hat meinen Herrn weggeholt, und ich weiß nicht, wo er geblieben ist.«

Maria dreht sich um. Da – Christus! Sie erkennt ihn nicht. Sie denkt, es sei der Gärtner. »Warum weinst du?«, fragt er. Sie sagt: »Hast du meinen Herrn fortgenommen?«

Er aber spricht nur ihren Namen aus: »Maria!« Und da durchfährt es sie wie ein Blitz: »Rabbuni, lieber Herr!« Sie ruft es laut: »Du bist es, du! Du lebst! Gott sei gepriesen!« Sie will ihn berühren. Er aber spricht: »Halte mich nicht zurück! Ich muss zu meinem Vater gehen. Bringe den Brüdern diese Kunde!« Und Maria springt auf. Sie läuft zu den Jüngern: »Ich sah ihn! Er lebt! Welch ein Glück, welche Freude!« (nach Johannes 20,11-18).

Der Reichenauer Maler des Egbert-Codex bietet uns ein Doppelbild, geteilt durch den ganz eigenwillig gestalteten Baum mit dem zarten Blattwerk in der Krone. Links der offene Sarkophag – geheimnisvoll schwebt die Binde in seinem Innern –, sowie an dessen Ende je ein Engel mit Botenstab, Nimbus und dem typischen Weisegestus der Hand. Rechts Maria Magdalena in Demutshaltung mit ausgebreiteten Händen, den Blick trotz des gesenkten Kopfes wie nach oben gerichtet, Maria vor dem Auferstandenen, der, das Buch der Schriften in der Linken, sich ihr mit der ausgestreckten Rechten liebevoll zuneigt. Christus trägt hier ein lichtgraues Obergewand, Zeichen seiner österlichen Herrlichkeit. Dieser Farbton, Hinweis auf die andere, die jenseitige Sphäre des Auferstandenen – in den vorösterlichen Bildern der Handschrift findet er sich nicht –, kennzeichnet auch die Gewänder der beiden rotgeflügelten Engel um den hochgestellten grünen Sarkophag.

Die drei Goldnimben im Bild leuchten. Sie bilden miteinander einen schwingenden Dreiklang. Der Hintergrund ist wieder, wie bei allen Bildern des Egbert-Codex, duftig aufgelöst. Nichts hält den Betrachter von seiner Konzentration auf das zentrale Bildgeschehen, das dem biblischen Text ganz nahe ist, ab. Überwältigend ist die spirituelle Kraft des Ausdrucks. Ganz hineingegeben in die österliche Christuserzählung spricht die Innenschau des malenden Mönches von einer Glaubenskraft ohnegleichen. Wir haben hier eine der schönsten Darstellungen der ottonischen Buchmalerei vor uns. Zartheit und Demut zeichnen sie gleicherweise aus.

Die Engel aber – im Text sagen sie lediglich ›Was weinst du, Frau?‹ – sind im Bild mehr. Mit ihren ausgebreiteten Händen sind sie Zeugen der Auferstehung, einer Auferstehung, die der Maler durch das schwingende Tuch im Sarkophag auf eine genial-einfache Weise bekundet.

Engel am Grabe. Christus und Maria Magdalena im Garten.
Egbert Codex. Buchmalerei der Reichenau um 980. Stadtbibliothek Trier.

Das Engel-Kreuz des Osterjubels

Welch eine Botschaft! Welch ein Triumph! Vier Engel mit riesigen Flügeln brechen aus der Kreuzesmitte, aus dem weißblauen Kreis im Kreuzzentrum, hervor und blasen, jeder durch seine Posaune, mit großer Kraft das neue, das unglaubliche Geschehen in alle vier Himmelsrichtungen hinaus: Der am Kreuz Gestorbene ist der Lebendige, der Christus, der Heiland, der Retter! Freut euch, ihr Völker allzumal! Ja, das Leben ist viel großartiger als der Tod. »Das Leben ist eine Herrlichkeit« (R. M. Rilke).

Einen Corpus des Gekreuzigten sehen wir nicht. Dafür aber oben in der Bekrönung des Kreuzes das Rundbild, den Clipeus mit dem Auferstandenen, ebenfalls in einem weiß-blauen Weltenkreis, der den Bildrahmen durchbricht. Christus trägt hier in der Linken das Buch der Schriften. Am dritten Tage sollte er auferstehen ›nach der Schrift‹ (1 Korinther 15,4). Als Lehrer der Weisheit, als ›der Weg, die Wahrheit und das Leben‹ (Johannes 14,6), weist dieser Christus mit der segnenden Rechten all die Seinen in eine hoffnungsvolle, erfüllte Zukunft mit Gott, eine Zukunft, in der ›kein Geschrei mehr sein wird, keine Klage und Qual, in der es keinen Tod mehr geben wird, keine Traurigkeit. Denn: Was einmal war, das ist für immer vorbei‹ (nach Offenbarung 21,4).

Ja, unaufhörlich geht der Posaunenschall der Engel hinaus:

Er ist erstanden aus dem Grab, Halleluja, Halleluja,
heut an dem heilgen Ostertag, Halleluja, Halleluja!

Die Menschen unter dem Kreuz – anbetend neben dem blauen Fels von Golgata – bezeugen es zusätzlich:

Freuen wir uns, freuen wir uns. Neues Leben ist erwacht.
Das hat kein Mensch vorher gedacht. Freuen wir uns, freuen wir uns.

Das Kreuz aber, farbig reich gestaltet, wächst durch drei Zonen hindurch auf, hieratisch und dynamisch, hier Energie versprühend, dort durch die Querbalken und den starken roten Rahmen fest gefügt und gehalten.

Ein Licht ist aufgegangen, ein Licht aus dem Dunkel der Nacht. Gott macht offenbar, was tief und verborgen war. Er lässt es hinausblasen durch seine Engel.

Zeugen sind diese Engel. Und die Menschen, ebenfalls Zeugen eines unglaublichen Geschehens, sind den Engeln gleich.

Das Engel-Kreuz des Osterjubels. Vaspurakan-Evangeliar. Armenien um 1450.
Galerie Sam Fogg, London.

CHRISTI HIMMELFAHRT MIT ENGELN

In diesem hochdynamischen Bild – es ist zweigeteilt – befinden wir uns auf dem Ölberg, der hier mehrere blaugrüne Kuppen hat. Unten zentral – anders als Lukas es in Evangelium und Apostelgeschichte beschreibt – Maria in der Haltung einer Orante, einer Anbetenden, mit kostbarer Purpurgewandung, blau umrandetem Goldnimbus und weit gebreiteten Händen. Es ist die Maria, die im Konzil von Ephesus 431 zur Theotokos, zur Gottesgebärerin erhoben wurde. Links und rechts von ihr die weißgekleideten Engel des Lukas. Der zur Rechten spricht eindringlich zu den sechs Jüngern. Hier ist Petrus mit Kreuzstab und Schlüsseln hervorgehoben. Der zur Linken weist auf den auffahrenden Christus. Unter den Jüngern neben ihm, durch Bart und hohe Stirn eindeutig gekennzeichnet, mit Buch und erhobener Hand Paulus, der bei Lukas nicht erwähnt wird.

Auch in anderen Aspekten geht der Maler weit über die neutestamentliche Überlieferung von der Himmelfahrt hinaus. Dort wird Christus von einer Wolke aufgenommen. Hier wird die Mandorla, Symbol der Jenseitigkeit, in der Christus seine Hand auf eine große Buchrolle legt, oben von zwei Engeln getragen, unten aber vom Visionsgefährt des Tetramorph, dem Vierergebilde aus Mensch, Löwe, Adler, Stier, das auf den Propheten Ezechiel zurückgeht. Dort lesen wir 1,6-23 von einer Gottesvision, in der Räder Feuer versprühen und riesige rote Flügel über und über mit Augen bedeckt sind. Weiterhin – auch das steht nicht bei Lukas – eilen von rechts und links in heftiger Bewegung zwei große Engel herbei, die auf verhüllten Händen je einen Siegeskranz bringen, nach alter Überlieferung gleichzeitig Hinweis auf die menschliche wie göttliche Natur Christi. Sonne und Mond, personifiziert aus den oberen Bildecken hervorstrahlend, bringen ins Ganze die kosmische Perspektive ein.

Die reiche expressive Farbigkeit des Bildes, die hingetupfte Luftperspektive, die großzügige Figurenauffassung und die atmosphärische Gesamtstimmung zeigen, dass hier die berühmte spätantike illusionistische Malerei in ihrer östlichen Ausprägung noch ganz lebendig ist.

Über die beiden Engel des Lukas hinaus, das bleibt festzuhalten, bringt der Maler noch weitere Engel ins Bild. Aber alle letztlich in der gleichen Funktion: Sie sind Zeugen!

Himmelfahrt Christi mit Engeln. Rabbula-Codex, Evangeliar in syrischer Sprache.
Um 586. Biblioteca Medicea Laurenziana, Florenz.

Petrus im Gefängnis und der Engel

Nach Apostelgeschichte 12,1-11 lässt der jüdische König Herodes Agrippa I. Petrus am Passahfest verhaften, ihn im Gefängnis anketten und durch Vierergruppen von Soldaten bewachen. In der Nacht – morgen soll die Gerichtsverhandlung sein; die Gemeinde betet für Petrus – geschieht es: Plötzlich ist der Gefängnisraum von Licht erfüllt. Ein Engel des Herrn fordert Petrus auf, ihm zu folgen. Petrus springt auf. Die Ketten fallen ab. Das eiserne Gefängnistor öffnet sich wie von selbst. An den Wachen vorbei tritt Petrus hinaus. Er ist frei. Er dankt Gott. Alles ist wie ein Traum. Der Engel aber ist plötzlich verschwunden.

Zu diesem Geschehen sehen wir ein einmaliges Bild der Reichenau. In der Mitte der Gefängnisbau mit dem fest verschlossenen Tor. Darüber in einem aufstrebenden Bereich Petrus, barfuß in blauem Gewand auf einem grünen Tuch, mit Ketten, die von beiden Händen lang herunterhängen, den Blick auf den Engel, der ihn mit einem Stab anstößt, gerichtet. Und dann vier schlafende Wächter, drei *auf* ihren Schilden, einer *unter* seinem Schild. Alle vier mit Speeren, farbenprächtig gewandet, alle vier, auch wenn die beiden unteren die Füße auf dem grünen Erdreich haben, wie schwebend.

Was aber ist das Geheimnis dieses so seltsam anmutenden Bildes? Nach der Erzählung der Apostelgeschichte erscheint der Engel inmitten der Zelle. Hier aber ist er ebenso wie Petrus außerhalb. Ganz zu schweigen von den Soldaten. Wir müssen es erkennen: Das Innere des Gefängnisses ist nach außen projiziert. Der turmartige Aufbau über der Mauer ist kein Dach, sondern der Gefängnisinnenraum, der in den Goldglanz eines übernatürlichen Geschehens hineingehoben ist. Innen- und Außenansicht des Gefängnisses sind gleichzeitig dargestellt, stilistisch als einheitliche Flächenkomposition.

Das ist eine faszinierende Idee des Mönchsmalers der Reichenau. So kann er alles, was in der Erzählung nacheinander folgt, im Bild zusammenschauen. Wie in so vielen anderen Bildhandschriften der Reichenauer Schule offenbart sich visionäre Kraft. Fernab jeder naturalistischen Darstellung, fernab jeder illusionistischen Raumtiefe und Perspektive wird das Unwirkliche, ja Mirakelhafte des Geschehens zum Ausdruck des Wunderbaren, des Geheimnisvollen. Alles ist Traum, so wie Petrus zu träumen glaubte, und doch ist es in einer anderen Ebene Wirklichkeit. Eine von der Bildidee her höchst ungewöhnliche, im Rhythmus ihrer elementaren Komposition einmalige Miniatur.

Vom Engel aber ist zu sagen: Wenn er seine Tat im Alltag vollbracht hat, verschwindet er. Von Petrus ist zu sagen: Auch sein Inneres ist gewissermaßen nach außen gekehrt: Immer wieder wurde er von seiner Vergangenheit eingeholt. Da bedurfte es eines Engels, ihn davon zu befreien.

Ein Engel befreit Petrus aus dem Gefängnis. Perikopenbuch.
Buchmalerei der Reichenau um 1000. Herzog-August-Bibliothek Wolfenbüttel.

Engel der Endzeit – Offenbarung

DER ENGEL MIT DER VIERTEN POSAUNE

Sieben Engel mit Posaunen kennt die Apokalypse des Johannes. Hier stößt der vierte Engel in seine Posaune. Da wird je ein Drittel der Sonne, des Mondes und der Sterne durch Schläge getroffen. Ihr Licht verliert ein Drittel seiner Helligkeit; und je ein Drittel des Tages und der Nacht werden finster. Das alles erblickt der Seher der Offenbarung, und er spricht: »Da ist ein Adler mitten im Himmel. Und ich höre ihn mit gewaltiger Stimme rufen: ›Wehe! Wehe! Wehe denen, die auf Erden wohnen ...‹« (nach Offenbarung 8,12-13).

Wie hat der Mönch der Apokalypse von St. Sever, der Abtei in der Gascogne, der nach nordspanischer Vorlage um die Mitte des 11. Jahrhunderts malte, diesen Text umgesetzt? Er zeigt einen blauen Nachthimmel voller gleichmäßiger sechsstrahliger Sterne, die, rhythmisch verteilt, von oben nach unten dunkler werden. Er malt Sonne (sol) und Mond (luna) zu je einem Drittel verdunkelt. Er malt im Sternenhimmel links den machtvollen Engel in violettem Gewand, violett die Flügel, wie er mit beiden Händen das silberne Horn (die Posaune) dicht vor seinen Mund hält. Gleich wird er hineinstoßen. Und schon fliegt von rechts her der riesige violette Adler (Inschrift: ›Aquila volans‹ – ›fliegender Adler‹) heran. Und was er ruft, steht vor seinem geöffneten Schnabel geschrieben: ›ue, ue, ue clamat‹ – ›Weh, weh, wehe!, schreit er‹. Wehe denen, die auf Erden wohnen ...

Nun aber sind im unteren Drittel des Bildes in einem gelblich-weiß durchstrahlten Feld vier Weinstöcke mit reifen Trauben zu sehen. Was bedeutet dieser schöne lichtdurchflutete Fries, über dem die Zone des Dunklen sich hebt? Nichts anderes als die neue Welt, die der untergehenden alten folgt. Das fügt der Maler im Geiste der Apokalypse, die letztlich das Alte durch ein Neues ersetzt, hinzu. Das Reich des ›Wehe‹ weicht dem Reich des Weinstocks – Christus ist der Weinstock! Im letzten Gericht kündet sich die Erneuerung von Himmel und Erde an: Siehe, ich mache alles neu. Nacht wird es nicht mehr geben. »Denn der erste Himmel und die erste Erde sind vergangen« (Offenbarung 21,1).

Das ›Oben‹, so unser Bild, muss abnehmen, damit das ›Unten‹ gewinnt. Gott will, dass es hell wird. Der Mensch darf sich nicht von der dunklen Welt einfangen lassen, dann gewinnt er die Chance, die anbrechende neue, die helle Welt, die Welt des Weinstocks Christus zu erlangen.

Der Engel steht für Gott. Er bläst, und es verfinstert sich. Der Adler schreit: ›Wehe‹. Das müssen wir sehen. Dann aber wird es hell. Das Licht vertreibt die Finsternis. Dennoch bleibt alles in einer hohen Spannung nebeneinander bestehen. So ist unsere Welt beschaffen. So zeigt es das Bild. So leben wir. Diese Spannung lässt sich nicht aufheben.

Durch den festgefügten Rahmen des Bildes aber, der beide Welten zusammenhält, rollt die Wellenlinie der Unendlichkeit.

Der Engel mit der vierten Posaune. Apokalypse von St. Sever, um 1050.
Bibliothèque Nationale de France, Paris.

DER ENGEL UND DAS WASSER DES LEBENS

Die Offenbarung des Johannes ist das Buch von den Visionen eines Einzelnen, der im Ich-Stil von dem, was er sah, erzählt. In symbolischer, extrem bildgewaltiger, manchmal rätselhafter Sprache beschwört das visionäre Werk den großen Kampf des Christus (im Bild des Lammes) mit den Mächten des Bösen. Doch aller Schrecken führt für den Seher letztlich zu einem guten Ende. Gott wird siegen.

In Offenbarung 22 (1-3.8.16-17) schaut der Seher einen Fluss mit dem Wasser des Lebens, der kristallhell aus dem Throne Christi, des Lammes, hervorbricht. Und der Baum des Lebens wächst auf beiden Seiten des Flusses. Und der Seher Johannes fällt nieder zu Füßen eines Engels.

Das ist bereits die sieghafte Zukunft. Und unser Bild aus der Bamberger Apokalypse, diesem einmaligen Werk der ottonischen Kulturepoche, gibt den Text in größter Präzision und farbenprächtiger Klarheit wieder: Auf drei Hintergrundzonen – unten grün, in der Mitte golden, oben hell purpurfarben – bildet sich alles ab. Oben Christus auf dem Thron. Zwei Assistenzengel in Weiß und Gelb, mit grauen Flügeln – so wie der Großengel unten – wenden sich ihm, ihre Hände den seinen entgegenstreckend, zu. Christus mit Kreuznimbus, in Weiß und Violett, auf schwellendem blauen Polster, schaut streng und ernst ins Weite, in eine Unendlichkeit, die sich dem Menschen entzieht. Weit hinaus, Zeichen des wehenden Geistes, schwingen auch die Enden seines Oberkleides.

Vom Thron herab aber strömt in kräftigem weißen Dreistrahl das kristallene Wasser des Lebens. Es trifft auf das grüne Erdfeld und bewässert drei unterschiedlich gekennzeichnete Lebensbäume. Unterhalb dieser Bäume hebt Johannes, der Seher, in kniender Haltung wie schwebend, rot-weiß gewandet und mit blauem Nimbus seine Hände empor zu dem machtvollen Engel mit grünem Nimbus, der ihm eine überlange Rechte entgegenstreckt. Beider Augenpaare treffen sich in mystischer Tiefe.

Ein Innenbild wird hier nach außen projiziert. Von innen her ist in ekstatischer Schau etwas sichtbar gemacht, das mit äußerlich Sichtbarem nichts zu tun hat. »Einfachheit und Tiefgründigkeit des Ausdrucks sind zu erschütternder Erhabenheit gesteigert« (Lothar Schreyer): Es strömt vom Throne des Herrn das Wasser des Lebens über die Welt, in der alles neu wird. Das ist die Botschaft des Engels.

Der Engel und das Wasser des Lebens.
Bamberger Apokalypse, vor 1000. Staatsbibliothek Bamberg.

Der Engel mit dem Mühlstein

Die Apokalypse des Johannes, dies Hauptwerk der Reichenauer Buchmalerei, ist auch so etwas wie eine Engelführung der Menschheit zu Christus. Ein Bild indes bringt einen Sonderengel. Es ist der Engel, der als Zeichen der Vernichtung der Stadt Babylon den Mühlstein ins Meer wirft. Babylon ist dabei Deckname für das Rom des Domitian – Kaiser von 81 bis 96 –, der die Christen in Kleinasien verfolgen ließ.

In Offenbarung 18,21-24 lesen wir u. a., wie dieser Engel, als er den Mühlstein ins Meer wirft, sagt: »Genauso wird die mächtige Stadt Babylon verworfen. Und keiner wird sie mehr sehen. Harfenspieler und Sänger werden nicht mehr in ihr zu hören sein. Keine Lampe wird jemals wieder in ihr leuchten. Braut und Bräutigam sind aus ihr verstoßen. Mit ihrem falschen Zauber hat sie alle Völker verführt. Das Blut des Gottesvolkes ist in dieser Stadt geflossen. Sie ist verantwortlich für den Tod aller Menschen auf der Erde.«

Die Aussagen dieses 18. Kapitels reduziert der Maler auf den majestätischen Engel in den drei Zonen Meer (Wellenstruktur), Gold (Gegenwart Gottes) und dem dunklen Rosa der himmlischen Jenseitigkeit. Dieser Engel mit den schiefergrauen Flügeln und dem purpurfarbenen Obergewand, der den Mühlstein wie einen Diskus in der Rechten führt, wandelt leichten Schrittes barfüßig auf den Wellen des Wassers. In weit aufgefächertem Zipfel, der über den linken Unterarm verläuft, schwingt sein Mantel. Seinem Antlitz mit den rollenden ganz nach innen konzentrierten Augen ist eingeschrieben, dass sich hier Weltgeschehen von nachhaltiger Bedeutung ereignet. Seine Flügel aber, leicht sich breitend, geben der Wurfbewegung, die wie eine Rollenbewegung ist, ihren dynamischen Elan.

Was dieser Engel mit seiner Symbolhandlung bewirkt, ist den Worten ›der großen Menge‹ aus Kapitel 19,1-3 zu entnehmen: »Halleluja! Preist den Herrn! Heil, Herrlichkeit und Macht gehören ihm. Seine Urteile sind wahr und gerecht. Er hat die große Hure (Babylon) verurteilt, die mit ihrem schändlichen Treiben die ganze Erde zugrunde gerichtet hat. Für alle Zeiten steigt der Rauch der brennenden Stadt auf zum Himmel!«

Dieses Verdammungsurteil über Babylon-Rom führt die geheime Offenbarung des Johannes auf einen ihrer Höhepunkte. Der Engel mit dem Mühlstein repräsentiert hier den göttlichen Willen. Das schändliche Rom in all seiner Macht ist dem Untergang verfallen.

Die Engel der Apokalypse haben auch die Funktion, das Negative anzukündigen. Unser Engel ist dem Strafengel Gottes zu vergleichen, der in den Mosegeschichten den Tod der ägyptischen Erstgeburt und damit das Ende der Macht des Pharao ansagte (s. S. 28 f.).

Der Engel mit dem Mühlstein. Bamberger Apokalypse, vor 1000.
Staatsbibliothek Bamberg.

DER ENGEL UND DAS HIMMLISCHE JERUSALEM

»Da kam einer von den sieben Engeln, und hinweg trug er mich im Geist. Er trug mich auf einen hohen Berg, und er zeigte mir die heilige Stadt von Gott her aus dem Himmel. Sie ist erfüllt von der Herrlichkeit Gottes. Ihr Lichtglanz ist wie Jaspisstein, kristallhell und strahlend. Eine Mauer hat die Stadt, groß und hoch. Sie hat zwölf Tore – nach allen vier Himmelsrichtungen. Diese Mauer ist auf zwölf Steine mit den Namen der Apostel gegründet. Und die Stadt ist als Viereck angelegt, ebenso lang wie breit.

Einen Tempel sah ich nicht in der Stadt, denn Gott der Herr, der Allumwaltende, ist selbst ihr Tempel – und das Lamm mit ihm. Die Stadt braucht weder Sonne noch Mond. Denn die Herrlichkeit des Herrn erleuchtet sie, und ihre Sonne ist das Lamm.

Und die Völker gehen den Weg im Licht dieser Stadt. Und die Könige der Erde tragen ihre Herrlichkeit zu ihr. Und ihre Tore werden niemals geschlossen. Denn es gibt dort keine Nacht« (nach Offenbarung 21,9-25).

Ganz elementar, ganz textentsprechend, hat der Reichenauer Maler diese himmlische Stadt ins Bild gebracht. Viermal drei Tore mit jeweils sechs romanischen Fensterbögen und Runddächern unterbrechen die zinnenbekrönten Mauern. In der Mitte der Stadt, die halb der Gold-, halb der Purpurwelt Gottes angehört, steht auf der Buchrolle das expressive Lamm mit Kreuznimbus, Symbol für Christus, den Menschen-, den Gottessohn, den endzeitlichen Herrscher. Er ist das verehrungswürdige heilige Zentrum.

Unten auf dem Berg aber der Engel, der die ausgestreckte Hand des Sehers Johannes ergreift und zugleich mit seinem Lilienstab auf die himmlische Stadt zeigt, auf dass Johannes sie erschaue. Durch die Diagonale vom Stab herab über die Hände bis in den Gewandzipfel des Johannes, ebenso durch das intensive Auge-in-Auge mit diesem, ist der Engel mit seinen schwingenden Flügeln dem Seher nachhaltig verbunden. Johannes aber – seine Körperhaltung zeigt es an – ist voller Hingabe, bereit, der Weisung des Engels bedingungslos zu folgen.

Der Seher ist der Empfangende, der Engel der Wissende und Weisende, einer, der die Richtung angibt, ein Botschafter, so wie er in der Verkündigung an Maria und an die Hirten ein Botschafter Gottes war.

Vision: ein neuer Himmel und eine neue Erde und eine jenseitige Stadt, die zu den Menschen herabkommt. Eine Stadt, die alle Jenseitshoffnungen der Menschen in sich fasst: »Jerusalem, du hochgebaute Stadt, wollt Gott, ich wär in dir ...« (Johann Matthäus Meyfart 1626).

Der Engel und das himmlische Jerusalem.
Bamberger Apokalypse, vor 1000. Staatsbibliothek Bamberg.

Der Engel, der Gottes Welt öffnet

Ganz anders als der Reichenauer Künstler um 1000 malt um 1305 Giotto di Bondone das himmlische Jerusalem. Hoch über dem großen und großartigen Endgerichtsszenarium auf der Eingangswand der Arenakapelle in Padua stellt er in der Rundung des Bogens oben beiderseits des frühgotischen Fensters spiegelbildlich einander zugekehrt zweimal dieselbe Szene dar: Ein Engel als Himmelswächter rollt das blaue Firmament mit Goldsonne und Planeten gleich einem schweren Teppich auf und gibt dahinter den Blick frei für die jenseitige Welt Gottes mit dem auf einer Wolke schwebenden himmlischen Jerusalem, das nur mit einem Teil seiner Mauer und mit einem Tor zu sehen ist. Dieses Tor ist – golden erstrahlend – über und über mit großen und kleinen rautenförmigen Edelsteinen geschmückt. Die ganze Pracht der Stadt ist nur zu erahnen. Wird der Engel weiterrollen, so wird sie sich mehr und mehr enthüllen.

Im 21. Kapitel der Offenbarung wird diese Stadt überschwänglich beschrieben: Sie strahlt die Herrlichkeit Gottes aus. Sie ist wie ein kostbarer Stein. Zwölf Engel bewachen ihre Tore, die, zwölf Perlen gleich, immer geöffnet sind. Aus Gold erbaut ist diese Stadt. Und das Licht, das sie ausstrahlt, wird nie vergehen. Die Völker leben davon. Nacht gibt es nicht in dieser Stadt. – Ich, Johannes, sah das alles, den unnennbaren Glanz (nach Offenbarung 21,11-26; 22,18).

Wahrlich ein fast unglaubliches Bild. Über die Zeiten hinweg hat es die Menschen immer wieder fasziniert. Für viele Christen ist das himmlische Jerusalem zum Inbegriff ihrer Jenseitshoffnung geworden. Sie möchten, wie Philipp Nicolai es 1599 dichtet, in dieser Stadt im Chor der Engel um den Thron Gottes stehen, um ihm Lob darzubringen: »Gloria sei dir gesungen mit Menschen- und mit Engelszungen ...«

Giotto, der geniale Maler des beginnenden 14. Jahrhunderts, lässt seinen kraftvoll-robusten Engel mit einem entrückten Gesichtsausdruck das Firmament fortrollen, als folge er einem höheren Befehl. Gott selbst will, dass der Blick auf seine Stadt freigegeben wird.

Wir leben in einer zugesperrten Welt. Gottes Engel öffnet sie. Er rollt die alte Welt hinweg, damit die neue sichtbar wird. Er zeigt uns das Einfallstor zur Transzendenz. Er ist der Mittler. Zum Letzten, zum Schönsten, zum unaussprechlich Heiligen gewährt er Zugang, er allein, der Engel.

Giotto di Bondone: Engel der Endzeit. Fresko um 1305. Capella all Arena, Padua.

Passions- und Osterzeit bilden mit ihrer Erinnerung an das Leiden, den Kreuzestod und die Auferstehung Jesu den Höhepunkt des christlichen Jahres. Die Osterbotschaft verheißt, dass das Kreuz eben nicht das Ende, die Macht des Todes vielmehr durch Gott endgültig überwunden ist. Das Kreuz wird zum Zeichen unüberwindlichen Lebens, zum Zeichen der Befreiung und der Hoffnung. So ist nicht das Kreuz der Passion, das Marterholz, das Zeichen der Christen, sondern das Kreuz, das vom österlichen Sieg über den Tod kündet.

Bilder und Texte laden ein zum stillen Lesen, zum Betrachten der Bilder, zur Meditation über Kreuz und Tod, Auferstehung und Leben.

104 Seiten, ISBN 978-3-491-70407-7